指田文夫
sashida fumio

WOMAD《ウオーマッド》横浜

歴史から消えた日本のビッグ・フェスティバル

生き残った「SUKIYAKI MEETS THE WORLD」

ele-king books

ヌスラット・ファテ・アリ・ハーン（菊地昇、1992年）

都はるみ（菅原光博、1991年）

どんと（Bo Gumbos）（菅原光博、1992年）

ユッスー・ンドゥール（菅原光博、1992年）

上下・パパ・ウェンバ（菅原光博、1992年）

上下・エルフィ・スカエシ（菅原光博、1991年）

照屋林助（石田昌隆、1991年）

スザンヌ・ヴェガ（石田昌隆、1991年）

中村とうよう氏。ウォーマッド日本委員会顧問として、世界各国の大衆音楽を日本に紹介した。写真は、中村氏が企画した「第1回ブルース・フェスティバル」（1974年）の楽屋で、伝説のブルースマン、ロバート・ジュニア・ロックウッドとのショット。写真、菅原光博

はじめに　「ウォーマッド横浜」と「スキヤキ」と

２０１３年8月23日、土曜日の夕方、富山県南砺市（なんとし）での「スキヤキ・ミーツ・ザ・ワールド」のパレードを初めて見た。そのとき、私は「これこそウォーマッド横浜でやりたかったが、やれなかったことだ」と思った。

１９９１年8月、音楽評論家で雑誌『ミュージック・マガジン』会長の中村とうようさんとプロデューサーの田村光男と一緒にやった「ウォーマッド横浜」。すでにこのお二人が、２０１１年7月と２０１４年11月に亡くなられている今日、きちんとした形で残すのは、私の役目だ。

理由は、2年後の２０１５年12月、京都大学で行われた日本映画学会総会の後、京都精華大学で、日本ポピュラー音楽学会があり、私は二日目の分科会に行き、中にフェスティバル分科会があったので、参加した。そこで知ったのは、日本のポピュラー音楽のフェスティバルは、「フジロック・フェスティバルから始まった」というのが大半の学会会員の共通認識らしいことで、これには驚かざるをえなかった。そこで私は、ほとんどの方の発言が終了した後、恐る恐る発言した。

私の考えでは、現在の日本のポピュラー音楽のフェスティバルにつながるイベントは、1964年10月の東京オリンピックが行われた年の7月に、東京と大阪で行われた「世界ジャズ・フェスティバル」が最初で、そこにはマイルズ・デイヴィスが初来日した。コンサートの他、非公開だったが、音楽関係者によるディスカッションも行われ、非常に優れたイベントだったこと。さらに、1970年代には、アメリカの「モンタレー・ポップ・フェスティバル」や「ウッドストック・フェスティバル（Woodstock Music and Art Festival）」に影響を受けたイベントもいくつか行なわれた。そして1991年夏には、横浜の「ウォーマッド横浜」と富山県南砺市の「スキヤキ・ミーツ・ザ・ワールド」も始まり、後者は今日まで毎年開催されていること。

このように日本の音楽フェスティバルは、「フジロック」が始まりではないことを控え目に言った。すると、司会の永田先生は、「そんなことは今更どうでもいいことで、さんざ議論してきたことだ」と断言され

開催直前の会場予定地。左のビルはパシフィコ横浜

否定された。私は、ほとんど広澤虎造の「三十石船」の森の石松になった気分で、いずれきちんと記録に残さないといけないと決意した。普通の音楽ファンが「日本の音楽フェスティバルの起源が『フジロック』だ」と誤解したとしても、無智に過ぎないのだから、それはいい。だがポピュラー音楽の研究者たちが、「『フジロック』が日本のポピュラー音楽のフェスティバルの始まりだ」と誤解しているのは、あんまりである。きちんと記録しておかなければ、１９９１年の夏に横浜に見に来てくれた皆さんにも申し訳ないと思った。

随分と時間がたっているではないか、と思われるかもしれないが、それには理由がある。

このように、当初、若い人たちにも向けて戦後の日本のポピュラー音楽のフェスティバルの歴史についての総合的な本にしたいと思ったので、知合いの幾人かの音楽関係者に、その旨話しをした。

結果は、みな「趣旨はよく分るが、歴史の総てを書くのは無理だろう」とのご返事だった。そのとき、元『ミュージック・マガジン』の編集者だった藤田正さんと別件で会い、この話をした。すると藤田さんは、「それは指田さんが一人になって書くべきで、特にウォーマッド横浜をやった当事者自身が書くなんて、日本にないことで、音楽評論家があれこれと書くよりははるかに意義がある」と励まされた。

そこで2年前から関係者にヒアリングし、書くことにしたので、時間がたったのだ。

1990
December

編集・発行
ウォーマッドジャパン
〒160東京都新宿区須賀町
1番地 大和屋ビル2F

WOMAD Journal

World of Music, Arts and Dance.

WOMADは横浜にやってくる

(Photo;Miyoko－M. A. I)

Message from Peter Gabriel

Pure enthusiasm for world music led us to create WOMAD in 1980. We believed that there were many others who would be turned on if only they had an opportunity to hear some of the music that was exciting us. Despite a considerable lack of interest from most of the music business, I tried to gather together a group of people who could create an event that would present music and dance from all over the world together with rock, jazz and folk music from the West.

Since its creation WOMAD has presented many Festivals, bringing together artists from over ninety different countries, and interest in world music has now grown to such an extent that in 1990 WOMAD was able to present eleven Festival events featuring music and dance from over one hundred and fifty different groups.

Although I was only directly involved between 1980 and 1982, I have to go to WOMAD, both to listen and to play. The Festivals have always been wonderful and unique occasions, and have succeeded in introducing an international audience to many talented artists. Equally important, the Festivals have also allowed many different audiences to gain an insight into cultures other than their own through the enjoyment of music. Music is a universal language and is one of the most effective tools in the fight against racism.

ピーター・ゲィブリエルは語る

左の一文は、ウォーマッドフェスティバルの提唱者ピーター・ゲィブリエルが、自らこのフェスティバルについて語った言葉である。ここで彼は1980年ワールドミュージックに対する情熱こそが、自分たちにウォーマッドを作らせたと語っている。こうした音楽を求める人々が他にもたくさんいるに違いないと信じて行動をおこしたのである。以来9年間に、ウォーマッドは90ヶ国を越える国々からアーティストを招き、今年だけで世界11ヶ所で開催されるまでに至った。

83年以後は1アーティストとしてあるいは聴く側として参加するようになったが、そこでも彼はこの場所は常に、素晴らしく得難い経験の場であるとしている。また、ここは音楽を楽しみながら異文化に触れられるところであり、音楽は人種差別に抗する最も有効な手段だと云う。

そのウォーマッドが、遂に来年8月横浜で開催される。

フェスティバル開催を報せる小冊子『WOMAD Journal』

もくじ

第2章　「ウォーマッド横浜」が残したもの　

第1章 日本芸能史の中の「ウォーマッド横浜」

第1回目（1991年）のプログラム

ヌスラット・ファテ・アリ・ハーンの衝撃

「ウォーマッド（ＷＯＭＡＤ）」は、「ワールド・オブ・ミュージック、アーツ・アンド・ダンス（World of Music, Arts and Dance）」の略で、１９８２年7月末にロンドンから１５０キロ西のブリストルの野外会場などで始められた、イギリス発のポピュラー音楽フェスティバルである。主催したのは、トーマス・ブルーマンで、友人でジェネシスのリーダー、ピーター・ゲイブリエルが全面的に協力した。

アフリカ、アジア、ラテン・アメリカなど世界中のポピュラー音楽のグループが参加した。具体的には、日本にも何度も来たアフリカ内陸国のブルンディ・ドラムなどが出た。が、ここで一番強い印象を残したのは、後に日本にも「ウォーマッド横浜」を始め、国際交流基金のコンサートなど合計3回来日した（１９９６年は、福岡アジア文化賞受賞のために招かれたが体調不良のため来日はなし）、パキスタンのイスラム教のスフィー派の朗唱音楽、カッワーリーのグループのヌスラット・ファテ・アリ・ハーンだった。

１９８７年9月、国際交流基金の招聘で、国立劇場（東京）で行われた「アジアの神・舞・歌」にヌスラットは、トルコの旋回舞踊、中国雲南省イ族の歌と踊りと共に初来日した。このときのヌスラットの迫力に、私は国立劇場の座席から転げ落ちるような強い感動を受けた。終了後、知合いで当時、下北沢でレコード店をやっていた斉藤君がロビーに出店していたので、「彼のCDかカセットはないか」と聞くと、「ヌスラットだけは、初日で全部売り切れました」とのことだった。

イギリスの「ウォーマッド」は、その後、開催地はさまざまに変わっているが、地方都市の野外の広場を中心に、夏の数日間、同時多発的に複数のグループのコンサートを開くというのは一貫している。日本では1991年8月、横浜市西区のみなとみらい21地区のコンベンション・センター、パシフィコ横浜のオープニン・イベントの一つとして開催され、6年間続けられた。イギリスなどの欧州や北米では現在でも実施されている。

「ウォーマッド」を私が最初に知ったのは、1982年夏、当時、音楽評論家の中村とうようさんが、毎月第1日曜日にテクニクス銀座でやっていた「レコード寄席」の中だった。そして、その際や雑誌『ミュージック・マガジン』で中村さんが強く推薦されていたのが「ウォーマッド」の広報用のレコード、2枚組のLP『ミュージック&リズム』（wea）だった。そこには、実際に1982年のフェスティバルに参加したグループの他、世界中の民俗音楽などに影響を受けた欧米の連中の音楽も収録されていて、「世の中にはこんな音楽もあるのか！」と私は大変に驚いた。

私は、中学時代はラジオ少年で、当時は入手しにくかったFMラジオを自作し、NHK F

Mでは柴田南雄さんの「現代音楽」や小泉文夫さんの「世界の民族音楽」の番組を愛聴していた。だから、欧米のクラシックや現代音楽、ポピュラー音楽の他に、世界にはさまざまな音楽があることは知っていた。だがそれは大体は民族音楽（民俗音楽）で、世界中に商業的なポピュラー音楽があるとは思っていなかった。だから『ミュージック&リズム』の非西欧世界のポピュラー音楽（すぐに「ワールド・ミュージック」と呼ばれるようになる）の存在には、大変に驚いた。現在では1930年代から日本や欧米だけではなく、アフリカ、アジア、ラテン・アメリカなどにも、商業的なポピュラー音楽は産まれ流布していたことが明らかになっている。ただ、それはほとんど現地向けで地域外には出なかったので、日本や西欧の人間は知らなかっただけのことだったが。

一方「スキヤキ・ミーツ・ザ・ワールド」は、富山県南砺市で1991年から毎年夏に行われているポピュラー音楽フェスティバルで、現在も実施されている（発足時は東礪波郡の福野町。2004年、地域の8自治体が合併して南砺市となった）。

南砺市は人口が約4万8千人の、中学で習った「散居村」で、砺波（となみ）平野の中心。JR西日本・城端（じょうはな）線の福野駅近くの「福野文化創造センターヘリオス」などで、毎年8月の最終週の週末に行われている。内容については別項に詳しく書くが、多くのボランティアや地域の人々の参加と支持によって運営されている。富山県や民間企業の援助はあるとしても、南砺市という一地方都市が30年以上も、ワールド・ミュージックを中心とした音楽イベントを継続させてきたのは特筆に値することだと私は思う。

このスキヤキの成果と、なぜ横浜では継続できなかったのがこの本のテーマの一つであり、私やプロデューサーだった田村光男の反省である（勿論、田村は2014年に亡くなっているので、今の考えは不明だが）。

そして、ここに書くのは、別に私が昔やったことを自慢するためではない。それは「ウォーマッド横浜」の、三つの精神が、現在の日本の音楽フェスティバルの元になっているからだ。

1969年にアメリカで行なわれた「ウッドストック」以後、日本でも1971年8月に箱根芦ノ湖畔北斜面特設ステージで行なわれ、ピンク・フロイドが出た「箱根アフロディーテ」、1974年8月に福島県郡山市開成公園内陸上競技場で開催され、オノ・ヨーコも参加した「ワンステップ・フェスティバル（ONE STEP FESTIVAL）」など、いくつかのポピュラー音楽フェスティバルはあった。中には、反捕鯨のメッセージを持ち、晴海の東京国際貿易センターで行なわれ、ジャクソン・ブラウンなどが出たものの、日本では大変に不評を買った「ローリング・ココナツ・レビュー」もあった（1977年4月）。

だが次の3点は、「ウォーマッド横浜」が日本で初めて強く打ち出し、今日の「フジロック（FUJI ROCK FESTIVAL）」にもつながっている精神であるからだ。

1　国内外の幅広いポピュラー音楽のアーティストが対等に出演する。

2　野外などを中心にした会場で開催される。

3　同時多発的に複数の会場でイベントが開催され、観客はその中から自分の好みのアーティストを選んで、自分の好きなプログラムを組み立てて楽しむ。

実は、最後の「3」、複数のイベントが同時に行なわれるというのが、1991年の横浜では大変に不評で、開催後のアンケートでは「全部が見られるように編成してくれ」と言う声が多数あった。日本では、自分が積極的に参加して選択するのではなく、まだ主催者から与えられたプログラムをただ観客として受け身で享受するという意識だったのだ。今日の「フジロック」を見れば大きく変わっていることはすぐに理解できることだと思う。

サブ・カルチャーの時代を振り返りながら

「ウォーマッド」へ行く前に、1960年代後半に日本にも訪れた、サブ・カルチャーの興隆について書いておきたい。「ウォーマッド」のようなイベントも、1960年代の世界的なサブ・カルチャー時代の流れの上で出来たからだと思うからだ。このことは、この時代を実際に経験してきた私にはよく分かることだが、現在の60代以下の方には、分からないことも多いと思うので書くこととする。

例として、吉永小百合が主演してスターとなった日活の映画『キューポラのある街』（1962年公開）を取り上げる。これは現在では北朝鮮帰還運動を肯定した作品としての批判もある。だが実はもっと大きな嘘がある。それは、映画が製作された1961年（暮れから）には、川口市では溶解炉のキューポラは、すでに使用されておらず、日活の美術スタッフが作ったことだ。原作者の早船ちよが原作を発表したのは1959年（雑誌『母と子』に連載として発表された時の題名は『キューポラのある町』）。映画が公開された時とは約3年の時差があった。この時の日本経済は高度成長で社会全体が激しく発展していたので、大きなタイムラグが生じたのである。

現在では当然のこととなっているが、日本の文化の中で、大きな部分を占めているサブ・カルチャーと呼ばれる大衆文化は、実はこの1960年代に生まれ、大きく育ったものである。それを音楽、映画、演劇などの分野ごとに見ていくこととする。

サブ・カルチャーの興隆はアメリカのロック・ミュージックとニュー・シネマ、イギリスの映画と演劇での「怒れる若者たち」、フランス映画のヌーベル・バーク、ポーランドのアンジェイ・ワイダ監督などの新しい映画、さらにブラジルのボサ・ノーヴァ（1950年代後半のリオに生まれた音楽）、そして日本の「太陽族」と、当時世界的に起きた新しい若者たちの文化の発生と、共通したものがあったと以前から私は考えてきた。原因は、第二次世界大戦後の、世界的なアメリカのポピュラー音楽とハリウッド映画の流行。さらに1945年以後に生まれた若者たちがどの国でも膨大に存在し、彼らは10代中頃の1950年代後半になると、世界的な戦後の好景気とも相まって新しい大衆文化の享受者となり、膨大な購買層となったからである。

いて説明しておく。

◎音楽・1――1960年代のポピュラー音楽

前段の動きとして、年代1950年代にアメリカで生まれたビート・ジェネレーションについて説明しておく。

ビート族というと、アゴヒゲ姿で、性的行動の無軌道な連中のように思われるが、それは誤解で、南北アメリカ大陸の文化全体を再認識し、再構築しようとする文化運動だった。それは、アレン・ギンズバーグと共に「ビートニク」の中心だった作家ジャック・ケルアックの伝記『Kerouac』（1973年）を書いたアン・チャーターズが、アメリカで黒人のブルースやその他の民族の音楽など「ルーツ・ミュージック」の蒐集とレコード化をやった最初の一人、サミュエル・チャーターズの妻でもあったことでも証明されるだろう。

白人による支配的なキリスト教的な文化の他に、さまざまな人種、民族、宗教などの文化がアメリカ大陸にはあり、それを高く評価するものだった。そこから、1950年代までのアメリカの主流な文化とは別の、アジア、アフリカ、インド、ラテン・アメリカ文化への強い関心から、日本の鈴木大拙や禅への関心と傾倒も出てくる。こうしたアメリカの流れの影響から、ザ・ビートルズもインド音楽と文化への傾倒を深めていったわけだ。

私が、英米のアーティストのインドやアジアへの傾倒の大きさに驚いたのは、次のニュースだった。ハリウッドの若手人気女優で、１９６６年に51歳のフランク・シナトラの３度目の結婚相手になり世間を驚かせた当時21歳のミア・ファーローが、１９６８年にインドに行き、マハリシ・マヘーシュ・ヨギに会い、宗教修行をしたという記事だった。「これって本当に本気なの」と思ったものであるが、彼女は紛れもなく本心だった。イギリスのザ・ビートルズがインド音楽やインド哲学に傾倒し、日本でも近代以後の西欧文化への憧憬への反省が、アジアや日本の文化全般に対する世界的な関心とつながっていった。

そして１９６０年代中頃のアメリカのベトナム戦争への全面的介入に対し、戦争反対の大きな運動となり、１９６７年にはサンフランシスコで「ラブ&ピース」の運動となった。それは世界中に波及し、フランスでも同年のパリでの「5月革命」となり、日本でも街頭でのベトナム戦争反対と大学の学園で様々な運動による権力との激しい衝突となっていった。

そのなかで、ポピュラー・コーラス・グループのザ・ママス&パパスのリーダーのジョン・フィリップスが、プロデューサーのルー・アドラーらと共に、ポピュラー音楽とロックのフェスティバルを企画する。それがカルフォルニア州モントレーで開催されていた「モンタレー・ジャズ・フェスティバル」（１９６６年）を参考に開催されたのが「モンタレー・ポップ・フェスティバル」だった（１９６７年7月）

そのＰＲ曲で彼の作詞・作曲で、友人のスコット・マッケンジーが歌ったのが「花のサンフランシスコ」。原題は「San Francisco (Be Sure to Wear Flowers in Your Hair)」で、愛とフラワー・ムーブメントを歌い上げた。当時、仕事でサンフランシスコ市にいた知人によれば、ハイト・アシュベリー地区は、ある日突然にヒッピーの町になり、彼らが街頭にあふれ「本当に驚いた」そうだ。

このフェステイバルには、ザ・ママス&パパス、ジ・アソシエイションズなどのポピュラー音楽の人気グループの他、ジャニス・ジョプリン、ジミ・ヘンドリクス、ザ・フーなどロック勢の他、インドのシタール奏者のラビ・シャンカール、南アフリカのトランペッターで、フェスティバルの翌年「パタパタ」で世界的ヒットを飛ばすミリアム・マケーバの夫、ヒュー・マセケラなども出た。アメリカ以外の世界の文化、音楽を理解するという姿勢が貫かれていた。この成功は、69年の「ウッドストック」へとつながったと解され、ロック・フェスティバル開催の道が切り開かれたのである。もちろん、このように西欧の既成の価値観と秩序体系とは別の価値観が対置されたことは大きな意味のあることだった。

だが、すべて良いことばかりではない。2年後の1969年12月には、カルフォルニアの、オルタモントのザ・ローリング・ストーンズのコンサート（Altamont Free Concert）では、黒人青年が殺された。同様に、同年8月、ロサンゼルスで起きた「シャロン・テイト殺人事件」のチャーリー・マンソンの出現にも、その遠因には、1960年代以降のニュー・エイジ文化の流行と既成の価値観と秩序への否定があったと言えるからだ。さらに、1978年11月に南米ガイアナで起きた「人民寺院の集団自殺（もしくは殺戮事件）」も、同様の異常さを持っていた。日本で考えても、1995年に東京の「地下鉄サリン事件」を起こしたオウム真理教にも既存の思想や宗教とは異なる文化、思想体系への渇望があり、その歪みが増大化し、実現化された間違いの例だと思えるからだ。

ここでは基本的にクラシック音楽は除いているが、そのクラシック界でもグスタフ・マーラーやエリック・サティなど、今日では日本でも人気となった作曲家たちが聴かれるようになったのもこの時代のはずだ。それまでは、日本のクラシック界では、俗に「ベト、メン、チャイ」のベートーベン、メンデルスゾーン、チャイコフスキーらの古典派からロマン派の作曲家の曲が人気で、コンサートやレコード、ラジオでも彼らが中心だった。その中で、武満徹など、日本の現代音楽の作曲家たちの作品が普通に聴かれるようになったのも、1960年代からである。日本の多くの人にとって、武満徹の音楽を聴いた最初は、たぶんNHKテレビの大河ドラマ、1964年の尾上菊之助と藤純子が共演した『源義経』だと思うが、私も琵琶や笙などの和楽器とオーケストラが渾然一体となったテーマ曲には、峻厳な感動をおぼえたものだ。また、NTVの深夜番組の『11PM（イレブン・ピーエム）』の、藤本義一司会による「大阪イレブン」は、かなり前衛意識が強く、あるとき「現代日本の前衛音楽」として、一柳慧（いちやなぎとし）のピアノ演奏を生で彼自身の演奏で放送したことがある。それを聴いて、私と兄は共に「大変に感動したね……」と言い合ったものだ。

ポピュラー音楽では、なんと言ってもザ・ビートルズ以降のイギリスのビート・グループのアメリカのポピュラー音楽への侵略（ブリティッシュ・インベイジョン）が大事件だが、それ以前の1960年代初期のアメリカのポピュラー音楽（今日では、オールディーズと呼ばれるもの）を愛好していた私には、ザ・ビートルズはあまりピンと来なかった。だが、ザ・ビートルズの自作・自演という曲作りと、若者4人だけというスタイルは、日本では多くの同世代の若者に音楽への道を開くことになった。

◎音楽・2——日本の音楽産業の歴史

ここで、明治以降の日本のレコードの歴史を簡単にたどっておこう。

1903年にイギリスからEMIの録音技師フレッド・ガイズバーグが来日した。彼は、東京・築地のメトロポール・ホテルで、オーストラリア生まれのイギリス人の落語家、快楽亭ブラック（初代）の選定で、当時の日本の最上級の芸能など音曲を多数録音し、その原盤をイギリスへ持ち帰り、プレスして日本に送ってSP盤として売ったのが最初である。こうした制作方法は、日本のみならずアジア、東欧やアラブ諸国など世界中で行なわれたもので、レコードの世界では「出張録音の時代」と言われている。

これが日本のレコード産業の始まりで、当時は巷で流行している芸能や音曲などを吹き込んでSP盤として制作して売るものだった。それは日本では浪曲、義太夫、落語、謡曲などであり、いわゆる「歌謡曲」ではない。まだ生まれていなかったからだ。当時最大の流行は、桃中軒雲右衛門（とうちゅうけんくもえもん）などの「浪曲・浪花節」で、明治の自由民権運動から始まった「演説の歌の演歌」も流行っていた。どちらも街頭や寄席で実演されるもので、演者は高座での出演料、あるいは「演歌師」は街頭で歌をうたい、そこで「歌本」という歌詞が書かれた小冊子の販売で得られる金銭を収入としていた。そうした中からレコードとして吹き込まれたものだった。

当時、浪花節がいかに日本で人気があったかについては、二つの事例がある。一つは、１９１１年に起きた「複写盤事件」で、これらのＳＰ盤をそのまま複写してレコードとして販売する悪質な業者がいた。何か柔軟な素材で音盤の表裏を写し取って凹盤を作り、そこにレコード材料を流し込みプレスすると複製盤ができる。この製法は、煎餅の作り方と同様とのことだ。それで、それほどひどくはない音質のＳＰ盤ができて廉価で売られていたので、複写盤は人気があり、堂々と流通していた。そこで桃中軒雲右衛門のレコードを販売していた三光堂が裁判を起こしたが、「民法上の盗みは行なっていない」との理由で、無罪と判決された。確かに物としての音盤自体は盗んでいないのだから、法律的には無罪とするしかないだろう。これよって日本での著作権法の制定になった。

もう一つは、俳優の加東大介の戦時中の体験で、彼は１９４３年に軍隊に徴兵されてニューギニア島に行く。マクノワリで兵士の士気高揚と慰安に芝居を企画し、出演者を募集する。と、その応募者のほとんどは、「私は、浪花節を語れます……」だった。このように、１９５

0年代末まで、日本で一番人気のあった芸能は、浪花節だった。この実話は、加東大介の十八番（おはこ）で、私も兄の大学祭のイベントで、彼の講演で実際に聞いたことがあるが、聞くも涙、話すも涙の名講演で、1961年にはテレビドラマ化ほか、久松静児監督で『南の島に雪が降る』として東京映画で映画化されている。

こうした浪曲は、1950年代末以降の日本の経済の高度成長により、地方の農魚村から大都市への若年層の大量移動、さらに戦後の民主的教育の普及と西欧的文化の強い影響によって、急速に人気を失ってゆく。「浪花節・イコール・封建的なもの」という代名詞とされたからだ。日本のあらゆる場面において、古くさい遅れたものの象徴として「浪花節的」とさえ形容されるようにまでなった。代わりに生まれたのが「演歌」である。「チャンチキおけさ」や「東京五輪音頭」の三波春夫、「王将」の村田英雄という二人の演歌歌手が、元は浪花節語り。さらに「リンゴ村から」「哀愁列車」の三橋美智也は、元は民謡歌手で、そこから転向した流行歌手だった。これらが浪花節や民謡からの、流行歌としての演歌への転換を証明している。言わば演歌は、浪花節や民謡の代替として1960年代中頃に生まれた音楽のジャンルで、日本の伝統音楽ではないのだ。

さかのぼること大正時代の1911年、作家の島村抱月（しまむらほうげつ）が主催していた劇団芸術座の女優、松井須磨子が、トルストイ原作の劇『復活』の上演中、「カチューシャかわいや、わかれのつらさ……」の「復活唱歌（カチューシャの唄」を歌い、そのレコードが30

万枚の大ヒットになったことがあった。芸術座の全国各地の公演では、芝居の前に、文芸批評家としての島村による「文藝講演会」もあり、旧制高校生などのインテリにまで芸術座の公演は人気があった。たまたま巡業先の京都の東洋蓄音器で吹き込んだ須磨子の「復活唱歌」が、異例の大ヒットになった。これは劇の話題性もさることながら、女優とは言え、「素人の普通の女性が歌をうたった」ということが大変に新鮮だったからだと私は思う。この時期まで、日本にも女性による歌舞音曲はあったが、それは皆、芸者や邦楽の師匠による（ガイズバーグのＳＰ盤にも、芸者連中による「君が代」合奏がある）、言ってみれば「玄人」の歌で、女優とは言え、松井須磨子という「普通の女性」の歌はなかったからである。

話は逸れるが、日本人には「素人的な芸」を好む性向があり、それはＡＫＢ48の人気にまで及んでいると私は思う。玄人の名人芸よりも、素人の新鮮さを好むのは日本人の好みというほかはなく、江戸時代から明治まで、子どもが本物の歌舞伎を演じる「チンコ芝居」が大人気で、きちんと大劇場で演じられていて、そこから本物の歌舞伎役者になった者も多かったそうだ。まさに民族性というほかはない。

レコード会社は次第に大きくなり、大正時代末の1925年3月にラジオ放送（社団法人東京放送局＝ＪＯＡＫ、1950年に特殊法人日本放送協会＝ＮＨＫに）も始まった。昭和になると町で流行している歌舞音曲を録音してレコードを作ることから、流行させるために新曲を作ってヒットさせる「流行歌」の時代になる。それが、戦争を挟んで1960年代まで続き、各レコード会社は、専属の作詞家、作曲家、そして職業的歌手と楽団を抱えるようになり、そうした専属のプロたちの手で、日本中のヒット曲は作られて流布されるようになった。

意外なことに戦前の流行歌手は、淡谷のり子、藤山一郎、霧島昇など皆音楽大学出身で、東海林太郎のように音大出ではないものの、クラシックの個人的音楽教育を受けた者たちである。まったく音楽教育を受けていなかったスターは、田端義夫とディック・ミネだけで、この二人はいわゆる「性豪」であることも共通している型破りの歌手だったようだ。もう一つ、興味深いことに、日本で最初の流行歌の一つとされる二村定一（ふたむらていいち）の１９２８年の「君恋し」は、フォックス・トロットの軽快なリズムで、バックにはジャズ・バンドの演奏が付いている。こうように、歌謡曲においても、日本的なものと西欧的なものが緊密に融合しており、日本の大衆文化の東西文化の混合性を現わしている。

それが、戦後はＮＨＫラジオの「素人のど自慢」や、同様の民放ラジオのジャズ・コンテスト番組から、素人がいきなりプロの歌手になる道ができる。美空ひばりと島倉千代子、さらにジャズのフランク永井と松尾和子らが代表だろう。このように歌手の世界でも、戦後は「民主化」が進んでいったのである。言ってみれば、１９５０年代から、後年「ニュー・ミュージック」と呼ばれる音楽ジャンルが生まれる土壌の地ならしが進んでいたのだ。そこに１９６０年代後半、ザ・ビートルズに影響を受けた若者達が現れ、自作曲を歌い、公共ホールなどの小規模会場で自主的なコンサートを始めて友人などの同年代の観客を集めていて注目されるようになった。ヤマハ主催の「ポピュラーソングコンテスト」（１９６９年〜１９８６年）のような、大会社主催のコンテストも始まり、レコード各社のオーディションも行なわれて、素人がプロになる道ができてきた。

また、１９７０年代に関西で始まった「カラオケ」は、普通の人が、バーや酒場で気軽に歌をうたう習慣を作り出し、いよいよ音楽産業は盛んになった。総じて言えば、素人の時代になったと言え、今日から見れば、その良さも悪さも同居するものになった。

それ以前に、日本の大人が公衆と共に歌をうたうのは、学校での校歌斉唱、軍隊内での軍歌の集団的高唱や、戦後の労働運動の中での労働歌などで、それらは、大体は合唱で、一人一人が個別に自分の好きな曲を歌うようになったのは、カラオケやクラブでの独唱が始まりであり、いずれもカラオケ・セットやマイクと増幅装置が必要だった。もっとも、以前から上流のクラブでは、ピアノやギターの伴奏を弾くプロがいて、それで歌うという形もあった。また、その庶民版として、巷の居酒屋などでのギター弾きによる「流し」の伴奏で歌う形態があり、それは江戸時代からの江戸や大坂での新内などの流し芸人が起源だが、戦後も続いており、そこからは北島三郎やこまどり姉妹などの歌手が出現している。

さらに、日本の音楽文化で、大変に特徴的なことの一つは、楽器製造会社とオーディオ機器メーカーというハード・メーカーが非常に盛んだったことである。浜松のヤマハ（旧・日本楽器製造）と河合楽器は、共に世界的なピアノや楽器のメーカーとなり、日本の音楽文化の振興に寄与した。また、レコード・プレイヤー、アンプ、スピーカー等のオーディオ機器メーカーは、欧米への輸出と共に、国内販売も盛んに行い、マニア的なファンに支えられてオーディオ機器は、カメラと同様、日本人のメカニズム好きからに違いない、家庭電化機器の重要な商品群となる。オーディオ機器の人気は高く、ポピュラー、クラシックを問わず音楽雑誌の有力広告主となる。こんなことは、欧米にはなく、日本だけのことである。オーディオ機器は、もともとは、映画のトーキー化によって生まれたもので、映画館の観客に俳優の台詞と音を伝えるものだった。それが映画の大型化やラジオ、テレビの発展に連れて音響機器は進化し、大音量化する。そして1970年代以降は、スタジアムでの数万人の大観衆のロック・コンサートにまでなっていく。こうして、世界の音楽産業は非常に大きくなっていくが、その中心は、ポピュラー音楽、さらにロックだった。

1970年4月のエフエム東京（TOKYO FM）の開局以後、日本全国にFMラジオ局が開局した。FM電波は、それまでのAMラジオとは異なり格段に音質が良いので、FM局は音楽番組を中心とした編成を行なった。そして、ほぼ同時期に、テープ・レコーダーによる録音が、それまでの大型のオープン・リール方式から、オランダのフィリップス社が開発し特許を公開してシステムの普及を促進させたカセット方式になった。ラジオにカセット録音機を組み込んだ「ラジ・カセ」が発売されて、番組を聴くと同時に、録音できるようになった。これによって好きな曲がレコードを買わずに安価で録音できて（エア・チェック）、いつでも再生して聴けることになった。

ラジカセの世界的な普及は、日本のみならずアジア、アフリカ、ラテン・アメリカでは、ポピュラー音楽の世界全体に大変革をもたらしていた。それまでの音楽は、大型音響機器によってラジオやレコードが聴かれていたので、こうした地域でも、広い部屋を持つ富裕層しか音楽を享受できなかった。あるいは、町の飲食店等に置かれている再生装置で多くの人と一緒に聴くしかなかった。歴史的には、そうした飲食店やダンス場などでは、蓄音器の他、オルゴール（ミュージック・ボックス）、さらにジューク・ボックスが置かれていて、それで大勢の人が音楽を一緒に楽しんだ。ところが、ラジカセなら、好きな曲を入れ、誰でも、屋外、職場、事務所、自室のどこにでも自由に聴けるようになり、そうした大多数の大衆が聴取し、愛好する音楽がヒットするようになったのである。日本では、いつどこのＦＭラジオ局で、何を放送するかの番組予定表を中心に、音楽情報が記載されたＦＭ雑誌が出され、若者が購買するようになった。

こうした状況の中で、１９６０年代末以降には、若者が自ら作り出す（後に）「ニュー・ミュージック」と呼ばれる、アメリカとイギリスのフォーク・ソングやロックに影響を受けた楽曲がレコード化されるようになり、ラジオからも流れる。そのさきがけとなる一つが、京都のフォーク・グループだったザ・フォーク・クルセダーズが、自主制作したＥＰ盤「帰って来たヨッパライ」（１９６７年）だった。自分たちのグループの解散記念として試作したレコードが、ラジオで放送されると関西エリアで大きな話題になり、ついには大手レコード会社東芝から再発売されて、100万枚の全国的なヒットとなる。翌1968年には大島渚監督で、松竹で同名の映画ができるまでになる。この時の同時上映は、前田陽一監督の『進め！ジャガーズ敵前上陸』で、これも当時の流行していたグループ・サウンズのグループであるザ・ジャガーズが出た作品だった。ザ・フォーク・クルセダーズの「帰って来たヨッパライ」には、逆廻し、早送り等のテクニックの駆使もあったが、なによりも全体を包むユーモアと皮肉のある知的なメッセージ性が、それまでの歌謡曲になかったセンスとひらめきを感じさせたのだった。

1960年代には表には出ていなかったが、1980年代以降の日本のポピュラー音楽に大きな影響を与えたミュージシャンに大瀧詠一がいる。1948年に東北で生まれた彼は、米国の駐留軍放送FEN（現・AFN-Pacific）から流れるアメリカのポピュラー音楽で育ち、高校時代からレコード盤の蒐集と研究のマニアとして東京に出てくる。大学卒業後、一旦は普通の会社に就職するが、以前から知っていた細野晴臣らとバンドを始め、一層、アメリカのレコードの蒐集と研究に打ち込むようになる。その結果、彼は戦後のアメリカのポピュラー音楽の最高峰に、作曲家フィル・スペクターが作り上げた「スペクター・サウンド（ウォール・オブ・ミュージック）」を位置づける。自身も、東京都福生の元米軍住宅に住み、ナイアガラ・スタジオを作り、そこで独自のサウンド作りに励む。山下達郎らとナイアガラ・トライアングルを結成し、1974年に日本コロムビアと自身のレーベル「NIAGARA」を契約する。これは後の彼の回想によれば、「年４枚、３年で12枚という契約が負担で大変だった」とのことで、１９７０年代後半は沈黙の時期になる。だが、１９８１年３月に『A LONG VACATION』を出して、これがロング・セラーとなって若い世代からも支持されるようになる。同年12月に、東京芝の郵貯会館ホールの時、彼は「松本隆と久しぶりに共作して、やっと新曲ができました」と挨拶した。だが、半年後の１９８２年６月の新宿厚生年金会館大ホールの公演では、超満員だったことを私は、今でもよく憶えている。

作曲家・編曲家の筒美京平の仕事は、こうした若者たちのアマチュア的な活動からではなく、レコード会社に勤務するプロフェッショナルの職業的な活動から生まれたところが、従来の音楽の作られ方を継承している。だが、彼自身の独自性が強く押印されているところが、それまでの楽曲とは、大きく異なっていた。筒美の曲の凄いところは、前奏がいつも大変にドラマチックで、次に展開される曲の全体を予言し、予告しているところだった。その前奏と曲との格差、転換の大きな劇的変化は、従来の日本の流行歌には見られなかったもので、それは彼が学生時代から愛好し、実際にバンドをやっていたモダン・ジャズから来ているはずだ。その斬新さには、思わずハッとさせられたものである。

筒美京平と同様にプロフェッショナルな世界から音楽に入ってきた作詞家に阿久悠がいる。ただし、彼は音楽の世界ではなく、広告代理店でのコピーライター、さらに放送作家から、歌謡曲の作詞をするようになった。彼の詞によって、日本の歌謡曲・流行歌は、ひとつの頂点に達し、そこからニュー・ミュージックと演歌に分岐し・解体していったと言えると思う。

兵庫県の淡路島に生まれた彼は、大学を出て映画監督を目指すがなれず、テレビ映画を作っていた広告代理店の宣弘社に入り、コピーライターから放送作家となり、1967年にグループ・サウンズのモップスの「朝まで待てない」が最初のヒットとなる。1971年の尾崎紀世彦の「また逢う日まで」、1976年の都はるみの「北の宿から」などが大ヒットとなり、第一線の作詞家となる。それと同時に、日本テレビの新人歌手スカウト番組「スター誕生!」にも積極的に係わり、山口百恵、桜田淳子、森昌子、ピンク・レディーらを誕生させている。他にも沢田研二、和田アキ子、岩崎宏美など、多くの歌手に詞を書いているが、なぜか山口百恵と美空ひばりには書いていない。それは、おそらく美空ひばりで完成され、山口百恵でさらに洗練された日本の歌謡曲とは一線を画した作品群を作りたいとの意思があったからだろうと推測される。それは、彼が元々は映画の世界を目指していたことからきたものだろう。彼の歌の中に、映画のワン・シーンを想起させる作品が多いが、そうしたものは美空ひばりにはほとんどなく、逆に阿久悠の曲には頻繁に見られるものである。映画で言えば美空ひばりの曲は「テーマ主義」だが、阿久悠の曲は「映像派」の作品であるとの違いといえば良いだろうか。

阿久悠の作品の中で、ベストと思えるのは（1973年に阿久が選定した自由曲のベストテンの1位）、1970年10月に北原ミレイによって歌われた村井邦彦作曲の「ざんげの値打ちもない」に違いない。内容は、ある少女が10代で男に騙されて捨てられ、復讐にナイフ沙汰を起こして監獄で刑に服しているという話。まるで古くさい浪花節的物語だが、それを自ら冷笑するように北原の低音でクールな唱法で引き離して歌われ、まるでブルースの弾き語りのように聞こえる。ここに歌謡曲の持つ、日本的な情緒と洋楽の混交の頂点があったと私には思える。

そこから、山口百恵、さらにニュー・ミュージックの若手の歌では、そうした阿久の映像的、映画的手法はむしろ常套手段化する。さらにニュー・ミュージックでは、歌手の後ろに男女の日記があるような詩作となってゆくのだ。

ニュー・ミュージックがいつ始まったかについては、諸説あるが、吉田拓郎が「結婚しようよ」をヒットさせた１９７２年としておく。ただ、これは彼が、オーバー・グランドに出た、つまり世間に広く知られるようになったことで、彼の活動がこの年に始まったのではない。このようにサブ・カルチャーに於いては、しばしば生まれたときと、広く知られるようになった時がズレることがある。世に広く情報が伝わるには時としてタイムラグがあるからだ。

民間放送のラジオ番組が始まった時、音楽番組として「ヒット・パレード」があった。これは、ヒット曲をランキング形式で掛けるもので、文化放送の「L盤アワー」や「ユア・ヒット・パレード」などがあり、１９５０年代には大変に人気があった。だが、そこでは映画音楽『エデンの東』のテーマがずっと1位であるなど、ロック以前の時代でかなり停滞していた。それを破ったのは、１９５７年の「ダイアナ」のポール・アンカ、さらにザ・ビートルズである。

　その日本のテレビ版として、フジ・テレビの『ザ・ヒットパレード』があり、ハナ肇とクレージーキャッツやザ・ピーナッツがレギュラーで出て、渡辺プロダクションの制作だった。ここでは主にアメリカのヒット曲を日本人歌手が歌うという構成だったので、そこから日本人歌手による「カバー・バージョン」が生まれることになる。ラジオと違い、歌手がうたっている映像がないとテレビでは音楽番組は成立しないからだ。その内、日本人歌手等によって洋楽風の曲をあたかも洋楽曲のように見せてうたう曲が出てくる。湯川れい子が作詞し、あるラジオ番組のアシスタントだった横浜のアメリカ人少女、エミー・ジャクソンが歌った「涙の太陽」があり、これはかなりヒットした。また、逆に米国人歌手が日本語で歌をうたう例も出てくる。ペギー・マーチの「アイ・ウィル・フォロー・ヒム（日本語版）」である。この前にも、フランスの女性歌手のカテリーナ・バレンテによって日本語の曲が歌われたこともあったが、それは「エキゾチック趣味的」であり、日本製であることはむしろ隠されてはいなかった。そして「ザ・ヒットパレード」は、渡辺プロダクションなどの若手歌手の登竜門となり、この中からタレントが生まれてくる。

　一方、ラジオでは、１９６０年代中頃から、午後12時以降の深夜の時間帯の放送が始まり、次第に深夜放送が全国の若者に聞かれるようになる。これは中波ラジオの電波は、昼間は本来のサービスエリア内しか届かない。首都圏、関西圏、中部圏というように狭い地域だが、夜間になると電離層の関係で中波でも本来のエリアを越えて、ほぼ日本全国で聴けるようになる。だから、首都圏で関西のラジオが、全国で首都圏のニッポン放送が聴けるようになる。その時間帯で、勉強などで深夜まで起きている中・高、大学生等に向けた番組が全国で放送されるようになった。この深夜放送の最初は、東京の文化放送で、ここは同局の成立時から、その資本に受験参考書出版の旺文社が入っていたことから、もともと深夜に英語などの受験生向けの番組をやっていた。同時に、キリスト教の教団も資本参加していたので、深夜にキリスト教のお説教の「日本ルーテルアワー」などの不思議な番組が流されていたが。こうして深夜放送は、一人の人間が聴き手に話しかけつつ、その合間に音楽を掛けるディスク・ジョッキーという形式が生まれ、人気者も出てくる。多くは、局の若いアナウンサーや若手のタレントだったので、彼らは同世代のミュージシャンの曲を頻繁に掛けるようになり、ここからも洋邦を問わず新しい歌手、ミュージシャンの曲が流されるようになった。

１９８０年代の音楽業界で起こった大きな事件の一つが、貸レコード店と法的規制の問題である。１９８０年５月に、東京三鷹市で一大学生がＬＰレコードを廉価で貸す店を始め、これが全国に広がる。レコード会社側は、音楽業界全体を揺るがす大問題として国会議員に要請し、議員立法で規制法を作り、さらに著作権法に取り入れられて「レンタル・レコード」の規制と収益化が図られた。そして、同時にレンタル店は、映像ビデオやＤＶＤのレンタル事業にも拡大されて、ミュージック・ビデオ、DVDも販売され、ミュージシャンとレコード会社もメディア・ミックスの波にもまれることになる。これは、21世紀に入り、インターネットでの配信サービスの普及によって大きく後退するが、20世紀末ではレンタル事業は大きく拡大していた。

音楽産業で一つ、重要な事柄に著作権がある。著作権は、欧米でも初めは18世紀に本や雑誌などの出版物についてできたものである。それが、米国で、新作曲の流通は、楽譜だったので、楽譜の著作権が最初の権利となった。中学で習った「フォスターが多数の歌曲を作曲したが、最後は貧窮に亡くなった」は、楽譜を音楽出版社に売って生計を立てていたことによるものである。当時の米国の音楽愛好者は、楽譜を買って自宅の楽器で演奏し、歌って音楽を楽しむ、それがレコード以前の音楽鑑賞法だった。レコード時代以降も同じで、日本でも楽曲の権利は「何々音楽出版が保有」となっている。一般に著作権保護、その強化は良いこととされているが、本当にそうだろうか私は少々疑問がある。

明治の文豪、尾崎紅葉の大変に有名な小説に『金色夜叉』があるが、これも泉鏡花などの紅葉の弟子たちが書いたもので、それを師匠の紅葉の名で発表したものである。また、ノーベル文学賞作家川端康成の小説に『東京の人』という通俗小説があり、三浦洸一の歌もヒットし、1956年には日活で映画化もされている。私は、なぜこのような通俗小説を川端が書いたのか長い間不思議に思っていた。だがそれは、実は週刊誌記者だった梶山季之が川端に代って書いてものであり、そうしたことは１９５０年代でもよくあったことなのだ。このように、著作権は、往々にして力の強い者、有名な者に有利に働くことがあり、権利保護は単純ではないと思う。

ニュー・ミュジック以後で起きた現象の大きなことの一つに、「詞先行か」「曲先行か」がある。つまり詞が先に作られ、それに合わせて曲が作曲されるか、曲がまずできて、それに詞を当てはめていくかである。ニュー・ミュージック以後では、ほとんどの作品が曲先行で、その後メロディーに詞を付けていくため、おじさんたちは「なにを言っているのか、まったくわからない」となる。

もともと、日本では古代の『万葉集』に見られるように、詩（和歌）は吟詠されていた。その名残は、宮中の正月行事の「歌会始（うたかいはじめ）」での当選作の吟詠に今日でもみることができるが、言葉を長く伸ばして陰影を付けると言うもので、音の高低はなかったようだ。こうした日本語のあり方は、さらに仏教の声明（しょうみょう）でも継承されていて、近代では浪花節や説教節の唱法となっていき、常に詩（詞）先行だった。

それを大きく変えたのは、１９６０年代の中村八代と永六輔で、膨大な作品を彼らは作ったが、もともとジャズに影響されていた二人は多くのケースで、曲先行で作品を作った。だが、あまり知られていないことだが、大正時代に「曲先行」の作品を作った者がいる。それは森鴎外で、「横浜開港五十周年記念行事」（1909年）の横浜市歌作成のとき横浜市の作詞の依頼に対し、森は「曲先行にしてくれ」と作曲を先に作らせている。東京音楽学校（現・東京藝術大学）の南能衛（みなみよしえ）の曲ができた後に、森は詞を曲に当てはめたので、「横浜市歌」は、意外にも非常に歌いやすい曲として今に伝わっている。

日本で1970年代以降に、ニュー・ミュージックが生まれ発展したことの最大の意味は、今日的に見れば、音楽の世界でも、作り手の側から聞き手の側に、その主導権が移ったことになる。全体として大きく見れば、大衆文化、サブ・カルチャーの時代とは、作り手、供給者から、消費者、享受者の側に、作品制作と流通の主導権が移転したことを意味している。これには、1970年代以降の東京の『ぴあ』、近畿圏の『プレイガイド・ジャーナル』などの大都市での情報誌の流行の影響もあると思う。当時、朝日新聞に中年のある有名作家が出した記事を私は思い出す。それは、「こうした情報誌には、自分も関係してきた大手劇団と、無名の若者の劇団の公演情報が同列、同等に出ていて、大変に不愉快だ」という趣旨だった。その時私は、明らかに文化・芸術の世界でも、既存の秩序が壊れつつあるのだなと思ったものだ。

情報誌は、情報の平等化、民主化に大きな役割を果たしたのである。

◎映画――戦後の栄枯盛衰

日本の映画は、明治時代の1897年、シネマトグラフが日本に輸入されて京都で上映され、次に日本の映画制作会社もできて、サイレントからトーキー、さらにカラー化と発展してきた。

日中戦争以後の戦時中は、１９３９年に制定された「映画法」によって、映画館でのニュース映画と文化映画が強制的に上映されるようになる。

太平洋戦争は、撮影所と映画館に甚大な被害をもたらしたが、映画産業は戦後すぐに復興し、「映画は娯楽の王者」として、さらに文化的にも芸術の頂点に君臨した。戦前の１９４１年に全国で２４００館あった映画館は、戦災で半減し１９４５年には１２２０館になっていた。だが5年ごとに倍々と増え、最盛期の１９５７年には６８６３館になっていた。

日本の映画興行の内、邦画は松竹、大映、東宝、東映、日活の主に5系列だったが、5社各社は、この全国の映画館の半分も系列館として維持していなかったと思われ、他は全国各地の興行主の独立館だった。要は、映画館が儲かるから参入してきた経営者であり、映画興行が儲からなくなれば、すぐに止めてしまう者達だった。

１９７０年代に、「四国の大将」として知られた人物で佐世保重工等を再建した経営者に坪内寿夫（つぼうちひさお）がいる。彼が戦後にシベリア抑留から復員後、最初に手がけた事業が映画館経営だった。彼は、父から受け継いだ愛媛県松山市の映画館で、日本で最初に異なる会社の作品の2本立て興業をやり大成功した。その収益を元に造船所の來島船渠（くるしませんきょ、現・新来島どっく）を受け継ぎ、さらに大きく収益を上げげた。そして企業再生家として多くの赤字企業の再建を引き受け「四国の造船王」として有名になる。

このことは、1950年代の日本の映画館経営がいかに儲かったかを表わしている。だから1960年代の映画不況になると、多くはスーパーやパチンコ店などに転換していったのだ。

日本映画の歴史を振り返ってみれば、戦前の1920年代末のサイレント映画時代から、実は日本映画は世界的水準にあったのだが、外国に出ていなかったので、知られなかった。それは世界中でこんにち、小津安二郎映画が最大限の評価を得ていることでもよく分かるだろう。

当時から、日本の映画の水準がきわめて高かったのには二つの理由があった。一つは江戸時代以後の、日本の庶民文化のレベルの高さである。一例として、俳句に見られる知的表現の高さが挙げられる。もう一つは浪花節、講談、落語等に見られる「語り物」芸の面白さである。この二つの庶民文化のなかで、俳句的表現は、小津安二郎や山中貞雄らのサイレント映画の知的表現になり、語り物芸は、マキノ雅弘や伊藤大輔らの娯楽時代劇の面白さになって行ったと私は思う。映画のような大衆文化では、その先行ジャンルからの遺産の引き継ぎは大きな原動力となるものだからだ。

映画製作で見れば、戦後も、GHQ（連合国最高司令官総司令部）による日本の民主化の一環としての視聴覚教育の推進の意味もあり、教育映画やニュース映画の製作は大変に盛んで、日本経済の復興と共にPR映画も多数作られるようになる。私の経験でも、首都圏の封切館では、まず外国のニュースの上映があり、次に日本のニュース映画、そして予告編があって最後に本編の上映だった。また、小学校では授業時間中に特別授業として『南極観測船　宗谷』などの記録映画を、地元の映画館にクラス全員で見に行くなどがあった。

だが、こうした日本の映画界の隆盛は、１９５３年に始まったテレビ放送によって、そのほとんどの優位性がテレビに取られてしまう。特に大きな打撃を受けたのがニュース映画と記録映画（ＰＲ映画）だった。毎週上映されても、ニュース映画はテレビ・ニュースの即時性に、ＰＲ映画はテレビ・コマーシャルの即時的、全国的広報に叶わなくなる。また、劇映画の時代劇やメロ・ドラマも、テレビのドラマが、わが家で無料で見られる同傾向作品に対抗できなくなる。劇映画では最も基盤が脆弱だった新東宝が１９６２年に倒産、ニュース映画や記録映画からも多くのスタッフがテレビ等へ流失していく。

こうして始まったのが、テレビが放送できない女性の裸の露出や性交シーンを誇大に売物にした（その実、今見ると大した露出度ではないが）「ピンク映画」だった。日活や東映のメジャー作品でも、今村昌平監督の『にっぽん昆虫記』（１９６３年）や今井正監督の『越後つついし親不知』（１９６４年）なども、セックス描写で大ヒットする。さらに東宝の黒澤明監督の『用心棒』（１９６１年）は、それまでにないリアルな殺陣（たて）と誇張された殺傷音で観客を脅かせ、日本舞踊のごとき時代劇の華麗な殺陣を追放してしまう。

こうして、セックスと暴力、残虐性が日本映画の画面の中心を占めるようになる。それまで日本映画のメジャー５社が保持してきた健全性と娯楽性の共存は、どちらを取るのか、次第に選択を迫られるようになり、セックスと暴力という刺激の強い作品がメジャーの中心になり、女性の観客を映画館から一層離れさせ、家庭に居させることになる。

これに決定的な打撃を与えたのが、1964年10月に開催された「東京オリンピック」だった。スポーツの持つ本物の戦いのドラマ性、意外な展開とそのスリルは、劇映画の持つ作り物のドラマよりも、はるかに劇的でリアリティを見る者に与え、この時期を頂点として、日本映画は急速に衰退していく。東京五輪放送で盛り上がっていたこの年の秋、巷の映画館でヒットしていたのが、勝新太郎の「座頭市」とピンク映画だったことは、それを証明している。

この時期に、メジャーの松竹から出た大島渚、篠田正浩、吉田喜重らによって監督自身の作家性と思想性の強い劇映画が発表され、岩波映画という記録映画から出た羽仁進、土本典昭、東陽一、小川伸介らによって新しいドキュメンタリー映画が作られるようになる。そこに東宝系の興業会社だった三和興業が、自社の新宿文化などを中心に上映する芸術性の高い作品の配給機構として、新たに日本アート・シアター・ギルド（ATG）を作る。当初は芸術性の高い欧州映画を上映していたが、ついには日本映画の製作にも乗り出すことになる。そこではATGと監督側が500万円ずつ出して、その範囲で製作する「1千万円映画」ができ、ここには多くの監督、テレビ・ディレクター、演劇の演出家などが参加する。

三和興業の社長の井関種雄氏は、戦後に起きた東宝での組合との大争議と、その後にできた組合側の左翼独立プロダクション運動の中で、独立した製作会社「スタジオ・エイト」に自らも参加した方だった。東宝の争議後には、会社と組合側の双方に属さず、独立した映画製作組織として幾つかが作られたが、一番有名なのは、山本嘉次郎や黒澤明が属した映画芸術協会だった。井関らは、五所平之助と豊田四郎らが作ったスタジオ・エイトに参加し、五所監督の1953年の『煙突の見える場所』、同じく豊田監督の『雁』(同年) などの名作を新東宝や大映で作り、会社側、組合側とは異なる場での映画製作を模索したことがあるのだが、日本ATGは、それの再生とも言えるだろうか。

この日本ATGの「芸術的エロ作品」は、セックス描写も多く、ピンク映画館に行くのは憚られる大学生や女性によって強く支持されることになる。また、アメリカの個人映画の影響を受けたアンダーグラウンド映画も製作・上映されるようになる。そこでは、実験映画の段階では大きな成功はなかったが、大林宣彦がテレビのコマーシャル・フィルムの監督を経て商業的映画を作るようになって個人映画として、一つの流れを作り出す。

こうした様々な映画が出てきた大きな原因は、映画不況の中で、大手の邦画5社が製作本数を減らしたために、日本の映画館の大半であった5社系列館以外の独立系興行館では、新作に不足したことがあった。5社の系列館では「石原裕次郎週間」とか「小林旭週間」「中村錦之助週間」「座頭市週間」「松竹名作週間」などと称して旧作の特集上映ができたが、独立館では無理だったからだ。この結果、私たちは1960年代に、過去にヒットした旧作を多数見るという幸運もあったのだが。

こうした日本映画の混乱は、1970年代初頭に頂点に達し、大映は1971年12月に倒産し、日活も1971年秋にロマン・ポルノ路線へと転向する。こうした混乱は他社も同様で、東宝は、1973年12月の映画『日本沈没』の大ヒットまでは、その路線は定まらず、よく言えば多彩な、悪く言えば混乱した傾向の作品を作り続けた。松竹も同様だったが、渥美清の主演と山田洋次監督の1969年に始まる『男はつらいよ』シリーズのみが安定していた。東映はチャンバラ時代劇終了後、1960年代中頃からはヤクザ映画路線に転換し、日本中をヤクザ映画ブームに巻き込むが、1972年4月の『関東緋桜一家』での藤純子の引退後は、菅原文太主演、深作欣二監督の1973年1月の『仁義なき戦い』の「実録シリーズ」に助けられ、さらに常に「不良性感度」の高い映画を作って生き残り続けた。

現在では、戦前の1941年に出来た東宝と、戦後の1953年にできた一番新しい映画会社である東映のみが、映画の製作・配給・興行を維持しているのは、大変に皮肉なことである。その裏には、この2社は全国の都市部に多くの不動産を持ち、その安定した不動産収益を経営の基礎としているからだ。これに対して大映は、もともと自社の館を持たないことを方針としていて、日活は、敗戦直後は日本で一番映画館を保持していたのだが、1960年代の映画興行の不振の穴埋め作として、不動産を切り売りしてきたので、東宝や東映のような安定的な経営にならなかったのである。

◎演劇――「普請中」の今と昔

明治時代以降、日本の演劇は、「歌舞伎（旧劇）」、それを文明化したはずの「新派」、さらに西洋から輸入された「近代劇」と社会主義思想の影響を直接的に受けて出来た「新劇」、また、大劇場で東宝や松竹によって作られてきたスター中心の「商業演劇」に分かれて戦争中まで発展してきた。

１９４５年の敗戦と日本の民主化の中で、最初に復活したのは、新時代と合致した新劇だった。同年12月20日には、文学座、俳優座、東京芸術劇場（劇団民藝の元）の合同公演で、有楽座で『桜の園』が上演された。入場料は、税込み13円50銭だったとのこと。大卒公務員の初任給が４６０円、映画入場料は４円50銭だったから、演劇はかなり高かったことになる。このように、演劇界では新劇の発展が著しく、１９５０年代には俳優座、民藝、文学座は、三大新劇劇団として、演目、観客動員、世間の話題もリードしていた。俳優座は、「自前の劇場を持とう」との意思で、俳優は映画、ラジオ等への出演料の相当の割合を劇場建設費への積み立てに充てて、１９５４年には俳優座劇場を六本木に建設した。１９４５年の東京大空襲の戦災で、築地小劇場が焼けて以来の新劇の拠点を初めて持ったのである。また、同時に俳優の養成機関として俳優座養成所も作り、ここからは仲代達矢、平幹二朗などの自劇団の俳優のみならず、小沢昭一、小山田宗徳、東恵美子、楠侑子、渡辺美佐子など、他の劇団の俳優も育てて、日本の演劇界をリードしてきた。さらに、東宝や東京映画では、多くの俳優座の俳優が出演し、日本映画界も支えた。同様に、文学座や民藝も松竹や日活の映画への出演をした。

この中で一番リードしていた俳優座が駄目になった理由だが……。1960年代になり劇団員全員の寄与で念願の俳優座劇場はできた。そして芸術的・前衛性志向が強く観客動員が振るわない演出家の千田是也に代わり、小沢栄太郎が1960年代中頃に娯楽志向の劇をやって観客を増やした。約3年間「小沢路線」は続いたが、千田是也と小沢路線は対立し、小沢は1969年に退団することになる。小沢は、自分の方向性が座員に支持されると過信していたが、劇団総会で否定されてしまう。

これは、1960年代中頃に中国で起きた「プロレタリア文化大革命」によく似ている。1950年代末の「大躍進政策」の失敗で、毛沢東ら社会主義路線の原則派は権力の座を降りた。代わった劉少奇、鄧小平ら経済重視の現実派は、民衆は生活の向上と経済改善があれば、自分たちを支持してくれると思い込んでいた。だが、劉らはそれを理論化することを怠っていた。そこに毛沢東派の原則論の巻き返しが来た。理論上では、原則論の毛派の方が優勢になり、国内は若者によるプロレタリア文化大革命の時代になり、劉や鄧らは政権を追われる。理由は、中国の権力は言うまでもなく中国共産党で、そこでは「理論が一番に大事」だったからだ。

俳優座も同様で、新劇はやはり「理屈が大事」で、理論化なしの娯楽劇一辺倒の小沢路線には支持がなくなったのだと私は思う。さらに、これは千田是也の方針だったが、1949年にできた俳優座養成所を廃止し、俳優養成コースを１９６６年に桐朋学園大学演劇科に移行させたことも問題だった。全国の俳優志望の高校生が、演劇雑誌の劇団研究生の募集を見ても、そこには俳優座の名はなく、文学座や青年座には養成所がある。これでは若い有為な人材が応募するはずがない。これに対して、桐朋学園大学は4年制の正規の大学であり、受験勉強が必要なので、「芝居は好きだが、勉強は大嫌い」という俳優志望者が行くには大きな障壁があった。

さらに、演劇界で最大の会員を持っていたのに俳優座後援会があった。ところがそれは、１９６０年代末に、市原悦子の夫で、演出家の塩見哲によって廃止され、俳優座制作センターに改組された。彼は京都大学から、演出家千田是也に憧れて俳優座に入ったが、千田は自分以外の者に重要な作品の演出をさせなかった。もちろん千田が演出家として優れていたからだが、若い塩見には残酷な仕打ちで、彼は次第に千田体制に反逆する心を育むようになり、それが俳優座制作センターを作って実権を握ることになった。この塩見らの策動によって俳優座は、後に中村敦夫、原田芳雄、市原悦子らが、劇団の方針に対立する内田栄一作の「はんらん狂躁曲」を１９７１年に無理矢理に上演し、彼らは退団することになる。

こうした俳優座の騒動は、他の新劇団でも同様に起きた。理由は、二つある。一つは、新人会、俳優小劇場、青年俳優座、三期会などの新劇の有名劇団であり、俳優座と関係の深い各劇団も、それぞれが創立から10年近く経ち、創立者たちと以後に入ってきた若者との間には、収入、考え方、生き方等で大きな違いが出てきたことだ。

例を挙げれば、劇団俳優小劇場では、小沢昭一、小山田宗徳、楠侑子ら映画、テレビなどのマスコミの売れっ子では、年収数千万以上の俳優もいたが、研究生レベルではほとんど無収入といったことが普通だったからだ。もう一つは、１９６０年の日米安保条約改定反対運動の敗北の結果である。多くの新劇団は、社会党や総評が指導した「安保改定阻止国民会議」に参加し、俳優座の千田是也は、文化人の中心人物だった。だが、新安保条約が１９６０年夏に成立すると、その反応は二つに分かれた。千田などのように政治的運動は運動とし、演劇活動は従来どおりやっていけば良いとする者が多数だったが、満足しない者もいた。

不満足には二つあり、政治的と演劇的である。劇団青年俳優座（青俳）の蜷川幸雄、真山知子、石橋蓮司らは、演劇と政治の双方の革新を求め、同調した岡田英次と共に劇団現代人劇場、さらに演劇集団櫻社を作り、劇作家清水邦夫の作品によって優れた政治的な劇を作っていく。また、劇団民芸の若手俳優は、演出家福田善之の下に劇団青年芸術劇場（青芸）を作っていて、安保闘争をテーマに『真田風雲録』を上演し、これは１９６３年には新劇団協議会でも上演される。ここの研究生には、後に黒テント・状況劇場を主催する唐十郎がいたことは注目される。唐十郎の劇は、死者が舞台に現れて過去を語るなど、能からの影響が見られる。劇団青芸の劇作者は福田だが、演出家は能の家元の観世栄夫だったからだ。唐は死者が自己を語るというシュールでユニークな、ある意味で前衛的な作劇術を、観世栄夫から得たと推測できるからだ。

また、歌人、詩人でシナリオ・ライターだった寺山修司は、早稲田大学教育学部の劇団仲間の東由多加が、寺山の戯曲の上演を通して知合い、東の他の若手を集めて実権演劇教室「天井桟敷」を作り、多彩なアイディアの芝居を行なう。そして、1971年のフランスのナンシーやイランでの演劇祭に参加以降は、寺山は、それまで彼がやって来たアメリカ的でハードボイルドな作風から、日本的で土俗的な様式と色彩性を持つ作風に変化する。

俳優座養成所出身の作・演出家の佐藤信は、同期生らと劇団自由劇場を結成し、六本木のガラス店の地下室を見つけて自分たちの劇場に改装する。寺山も、渋谷の喫茶店の地下に劇場天井桟敷を持つ。東京の学生演劇からは、早稲田大学の学生劇団の自由舞台が、プロの劇団自由舞台となり、演出家鈴木忠志と別役実らによって、早稲田大学の近くの喫茶店の2階に早稲田小劇場が出来る。さらに唐十郎は、全国の野外で上演をするために大きな野外用のテントを購入し、赤く彩色して、彼らは赤テントと呼ばれる。いずれも1966年秋のことだった。ここには、従来の新劇が持っていたリアリズム的様式への反逆と自分たちの独自の公演のための拠点作りへの強い思いがあった。要は、自分たちのやりたい演劇を自由にやるためには、既成の場では無理との共通認識があった。

「1960年安保」の敗北は、千田是也らにとってはいつものことで、さしたることではなかったが、当時20代の若い世代では初めてのことで、大きな傷跡を残したのだ。そこをどのように変えて行くか、演劇的にか、政治的にか。簡単に答えは出ないので、さまざまな方法が求められた結果が１９６０年代末以降の、日本の演劇界でのアングラ・小劇場時代だと言えるだろう。

　森鷗外の１９１０年の小説に『普請中』（ふしんちゅう）という作品があるが、明治以降の近代日本は、すべてにおいて21世紀の現在に至るまで、まさに普請中と言えるだろう。特に、１９４５年の敗戦後は、新たな普請、再建設の時期だった。大日本帝国から普通の国としての日本への。近代以降、日本の文化・芸術のあらゆる分野で、それまで主流だったものに対して新しい形態が起こるが、すぐにそれが旧態依然と化して、さらに次の新しいものに置き換えられることが続いてきた。歌舞伎に対し、明治の自由民権運動の表現の一つの壮士芝居、書生芝居として出来た新派は、その思想性も表現も次第に歌舞伎と類似するものになり、大正期には芸者の悲劇や「継子苛め」（ままこいじめ）の旧劇になってしまう。西欧的表現と社会主義思想で始まった昭和の「新劇と新劇団」も、１９６０年代以降は、既成の表現と遅れた思想の集団だとされて、１９７０年代には評論家の菅孝行（かんたかゆき）によって「旧劇」と評されてしまう。そうした新陳代謝が、一番激しく起きたのは演劇だと思う。その理由は、演劇が役者の肉体を通じて表現されるものなので、する者たちが、本当に信じられるものを絶えず保持しないと良い表現が出来ないからだと思う。

　ロシアの劇作家チェーホフの名作『かもめ』の中でも、主人公のトレープレフは言っている、「新しい形式が必要なんです。必要なのは新しい形式なんです。それがないくらいなら、いっそ何も持たない方がいい」と。

いつの時代も若者たちは、内容と共に新しい表現形式を求めているのであるが、日本の演劇では１９６０年代がその時代だった。総じて言えば、１９７０年代以降のサブ・カルチャーの時代は、今日の日本の文化、芸術、社会の原点である。一口に言って、それは既存の秩序の方にいた人には有象無象が出てきた不愉快な時代の始まりだったかもしれない。しかし、今日の日本の文化の一応の発展と豊かさを見るとき、それが起こしたものは非常に大きかったと私は思うのである。

これが本当に世界的に見て実は高水準だったことは、日本では超マイナーな芸術一派とされていた土方巽（ひじかたたつみ）、大野一雄らの「舞踏」が、いつの間にか世界で「Butho」として一挙にメジャーになったことでも証明されると思う。それは、先に述べたように１９２０年代末の日本の小津安二郎、山中貞雄、あるいは伊藤大輔や内田叶夢、マキノ雅弘らの映画が、実は世界的レベルに達していたことと同じだといえるのである。ただ、世界には知られていなかっただけなのである。

「ウォーマッド横浜」に辿り着くまでの二人

「ウォーマッド横浜」を一緒にやった田村光男（制作・演出）について書いておきたい。

彼は、私と同学年の1947年生まれで、大田区立田園調布中学を出て都立日比谷高校に入っている。その頃は、住んでいたのは世田谷の九品仏（くほんぶつ）なので「越境入学」である。当時は、良い都立高校に入るために、東京の内外から都内の良い中学に越境通学する子が沢山いた。私がいた大田区立大森第四中学校は、レベルの高い中学ではなかったが、クラスには横浜市の鶴見から来ている生徒がいた。

田村は、日比谷高校での部活は音楽部でホルンをやっていた。中心的メンバーの一人で、彼らは3年ではウェーバーの歌劇『魔弾の射手』を久保記念講堂（千代田区霞が関）で有料の演奏会をしたそうだ。その批評がある大手の新聞に出て、「演奏はともかく、学外で公演する勇気がすごい……」と評されたという。音楽部には、後に連合赤軍事件で無期懲役刑を受ける吉野雅邦（よしのまさくに）もいたとのこと。田村は、勉強には最優秀ではなかったようだが、同級生に聞くと「いつも、どう発言するのか」が気になる生徒で、個性的だったようだ。

日比谷高校は1年目は教師が生徒の組を決めるが、2、3年は生徒が勝手に自分たちで気の合うもの同士で組替えするという、非常に自由な校風だったとのこと。校庭に集まり、気の合うもの同士で集団を作っていくというやり方だったそうで、すごい生徒たちだったわけだ。

同校で多くの生徒が受ける東京大学を田村も受けたが落ち、彼は劇団四季の演出部に入る。音楽劇をやりたかったからだそうで、演出家・浅利慶太の思想に共鳴していたわけではなく、当時は劇団四季ぐらいしか音楽劇の集団がなかったからと言うのが理由だったらしい。

1年後の1967年に、早稲田大学文学部に合格し、同時に劇団演劇研究会にも入ってきた。1967年12月の公演では、小山祐士（こやまゆうし）作の『黄色い波』をやったが、田村は役者（勿論、端役）と照明の助手をやっていた。私は、その公演では大道具を担当し、2年生だったが劇団の代表でもあった。だが1967年当時は、ベトナム反戦運動と大学闘争の最盛期で、私は高校では某過激派の高校生組織の末端にいたが、大学に入るとその組織から次第に離れていった。世間は私が遠ざかるのと反比例して大きく揺れ動き、大学も街頭も大騒ぎになっていった。ついには「この時期に芝居などやっていていいのか、街頭で戦うべきだ！」と言う連中も出てきて劇団は割れる。私は、芝居をする方に付いた。大学2年の時に、母親が病気で倒れたことで、真面目に勉強することにし、劇団へは公演の時だけ参加することにしていたからだ。

一方、田村は、噂では「革マル派に入って活動している」とのことで、私とは距離ができた。私たちの劇団は、概ね反革マルだったからだ。革マル派は、当時の早稲田では、文学部と商学部だけで、他は反革マルだったからだ。後に再会して分ったが、田村は革マルではなく、劇団青俳の若手演出家・蜷川幸雄や真山知子らが結成していた「新劇人反戦」に入り中心メンバーの一人だった（後に、何かのイベントの照明の仕事で蜷川幸雄と会い、「これやってたのお前だったのか……」と互いに笑い合ったそうだ）。

1973年12月に新宿伊勢丹前の交番でクリスマス・ツリー爆弾が仕掛けられて爆発し死者

が出る事件が起きた。被告の何人かは新劇人反戦のメンバーで、田村の知合いだったそうだ。また、多摩美術大学の紛争からできた「美共闘」という組織にも参加していた。内容はよく知らないが、ここから美術評論家の北川フラム氏との関係ができ、北川氏とは後に新潟の「越後妻有　大地の芸術祭」（えちごつまり、２０００年〜）を共にすることになる。

１９７０年代に田村は、元劇研のメンバーの何人かと照明の会社を作る。田村以外は、アナーキストを自称する連中で、村上春樹の１９７９年の最初の小説『風の歌を聴け』の冒頭で、早稲田大学の９号館の封鎖解除の時にバッハの曲を流したという者達として描かれているグループである。彼らと別れて、田村は１９７８年に自分の会社「ステーション」（１９９０年代の経歴書では資本金１５００万円、社員12名）を作る。いずれにしても、若者は様々に彷徨していたわけで、その中から次第に自分の居場所を見つけるようになる。私は、大学を６年間かかって卒業した１９７２年に横浜市に入庁し、普通の公務員生活をしていた。

田村の仕事は、１９７０年代末の新宿西口での「淀橋浄水場跡のイベント」や、明治神宮外苑で行なわれたフジテレビの夏休みイベント「ふりーばる」、さらに石垣島での冒険行事「オペレーション・ローリー」などだが、中でも「オペレーション・ローリー」には強い印象があったようだ。イギリスの作家で冒険家だったウォルター・ローリー卿の事跡を記念したイベントで、電通の下で実務を担ったようだ。

「オペレーション・ローリー」は、大阪の南港からフェリーで石垣島に行き、さまざまな活動をする計画だった。「だが、日本の若者は大阪の天保山埠頭にくるところで音を上げていたが、イギリス人は平気だった。さすがは、かつて植民地支配のために世界中に行った連中の子孫だったね」とは田村の弁。そんな人たちの足跡から生まれたとも言うべきワールド・ミュージックのイベントを後にやるとは、実に皮肉なことだったが。彼は１９８９年の「横浜博覧会（YOKOHAMA EXOTIC SHOWCASE '89）」での開港記念村の演出・構成もやっていて、私は博覧会会場のすぐ隣のパシフィコ横浜の建設現場にいたのだが、一度も出会っていない。

田村は自分の会社の仕事を、三つに分けてやっていると語っていた。まずは、

1　電通等の代理店の下請けとしての仕事。

2　東京電力やキリンビールなど、田村が個人的に繋がりを持っている組織との仕事、これは下請けもあるが、協同してやるものもあったようだ。

3　そして、自分たちがやりたい仕事。舞踊家の田中泯さんとの公演や海外公演など。

また2の中には、国際交流基金の仕事で、日本のアーティストを海外に派遣して公演をするのも多かった。これには、民謡、舞踊、雅楽、歌舞伎と様々なジャンルのものがあり、田村のそれまでの仕事の蓄積によるものだった。国際交流基金の海外事業では、田村は最大の「隠し玉」だったと思う。一方、私は普通の公務員生活を送っていたので、田村の活動と交差することはなかった。

ところが、私は都市計画局から1987年6月に株式会社横浜国際平和会議場に出向した。さらにその頃　中区海岸通りにあった三菱倉庫が、建物とその敷地を神奈川県に売却し、大黒埠頭に移転する計画が出た（そこは神奈川県警本部となった）。

すると横浜市役所の若手職員が、その古い倉庫を使ってイベントをしようということになり、それは1988年春の「ヨコハマ・フラッシュ」となるが、その企画会議に教育委員会事務局の野田邦弘君（元鳥取大学教授）によって私も参画させられ、そこでジャズの関係者から田村の噂を聞く。

「指田さんも、早稲田で演劇なら田村さんと言う人を知っているでしょう」

「ああ、四角い顔でヒゲ生やしている奴だろう」

そして田村とは、1988年12月に横浜で再会する。当時、芝浦にあったインクスティック芝浦で、カリプソのマイティ・スパロウの公演があった日だった。

たぶん20年ぶりだったが、そこで私は、パシフィコ横浜の1990年夏のオープニング・イベントの担当になり、そこでは是非「ウォーマッド」のようなものをやりたいと彼に言った（当時は、1990年夏のオープン予定だった）。当時、電通をはじめ様々な人に、担当係長としてオープニング・イベントの企画について意見交換していたが、「ウォーマッド」を知っていたのは田村だけで、彼はLP『ミュージック&リズム』も持っていて、約20年の隔たりはあったものの、お互いに同じ方向を見ていたんだなと思ったのだ。

「横浜国際平和会議場」の立ち上げに関わった人々

１９８７年6月に都市計画局から出向し、私は国際会議場会社の営業部に行った。最初にやった仕事は、計画がほとんど固まっておらず施設の諸元も明確ではないのに、１９９０年代に国際会議場、展示場、ホテルからなる「国際コンベンションセンター」をみなとみらい地区の海際に作るという計画だけの、会社のイメージ・パンフレットの制作だった。

その次は、この（株）横浜国際平和会議場という会社の正式名称の他に、略称、英文名、そのマークを作ることだった。横浜国際平和会議場では、電話で話しても長すぎるし、ことに「平和」という言葉が入っているので、「左翼の集会場ですか……」との誤解を受けることもあったからだ。

この「平和」については、初め都市計画局の国際会議場担当の部長、課長レベルでは入れる気はなく、彼らの原案は「（株）横浜国際会議場」だった。その旨、当時の細郷道一（さいごうみちかず）横浜市長に持って行くと、「ぜひ、平和を入れなさい、国際平和というのは人類すべての目標で、なにも左翼が独占するもんじゃないんだよ」と言われた。事務方としては、仕方なく入れた文言だったが、今のウクライナ情勢を考えれば細郷氏の先見の明に感心する。

そこで私は、企業のネーミング作成に実績のある某社に依頼して、英文名、略称、さらにマークのデザインを作成させた。彼らは最初に2000くらいの名称案をもってきて、同時に高木文雄社長をはじめ、会社の役員、さらに全社員に対し、希望する会社のイメージなどのヒアリングをした。そして最終20案を持ってきた。

私はその中に「平和」と今後「世界に出ていくこと」を含めて、太平洋・パシフィックを入れておき、「パシフィック・コンベンション・センター」を私の原案とした。

それを、彼らは「パシフィック・コンベンション・プラザ・ヨコハマ」、略称「パシフィコ横浜」を持って来た。それで、会社内及び横浜市都市計画局の了解をえて「パシフィコ横浜」になった。

1年後の、1988年春に私は、営業部第一係長と企画係長の二つの肩書きをもらう。1年間の営業部での働きぶりを見ていただいた、総務部長岡本坦さんの評価だった思う。岡本さんは、夕方になると必ず机の電話が鳴り、誘われて徹夜麻雀に行くと言う人だった。だが、若いときは、野毛のジャズ喫茶で、アルバイトで働いていたこともあり、意外にも幅広い趣味を持っておられた。私は気が付かなかったが、岡本さんの机には、村上春樹の新刊本が置いてあったこともあったそうだ。

岡本さんもそうだが、後にパシフィコ横浜の社長となった馬場貞夫さんは、横浜市役所のコーラス部員で、作詞もやっている人だった（1970年代に横浜市中区の運河を埋立てて大通り公園を作ったが、この時の記念歌の『街が生まれる』などの作品がある）。

さらに、パシフィコ横浜の初代社長の元大蔵省事務次官で国鉄総裁だった高木文雄氏は、これまた幅広い趣味と鋭い感受性のある方だった。1990年にパキスタンのヌスラット・アリ・ハーンが来日し、五反田の簡保ホールでコンサートをやった。その時、私は高木社長の隣りの席で説明をした。すると高木社長は、「こういうのは夜を通してやるものじゃないのかね」と的確な指摘をされた。また高木さんからは、あるとき「大相撲を見に行こう」と言われて、営業の部長佐久間氏、営業課長と私の4人で両国国技館の1階の枡席に行った。国技館は、元は国鉄両国駅の貨物ヤードで、それを日本相撲協会に提供した経緯もあったのだろう、高木さんは枡席を持っておられた。夕方に行くと、例によって我々のところへ茶屋の男衆が弁当を持って来た。その時、高木さんは、その男衆にポチ袋をさりげなく渡した。「慣れている方なんだな」と思ったが、聞けば中学時代から親に連れられて大相撲は見に来ていたとのこと。また、高木氏の親友で、元自治省事務次官だった細郷道一横浜市長は、歌舞伎がお好きで、私が正月に歌舞伎座に行くと、必ず奥さんと二人で見に来ていられた。

パシフィコ横浜の初代営業部長で、後に常務なられた方に佐久間健治さんがいる。彼は、山形の高校を出て最初は東京税関に勤められ、羽田空港や芝浦にあった洋画の輸入倉庫などに勤務されたとのこと。1964年の東京オリンピックに向けて、(特)国際観光振興会が設立されたので応募すると合格され、長年アメリカで日本への観光旅行の誘致宣伝を担当された。日本紹介の16ミリフィルムを持って全米を一人で廻られたとのことだ。東京に出てきた時は、山形弁で標準語に苦労されたそうだが、すごい英語の使い手になっておられた。そしてあるコンベンション関係の会議で、横浜市の岡本さんとお会いになり、招請されてパシフィコ横浜の幹部職員となった。フランス語も得意で、ご自宅にはポール・ヴァレリーの本があった。いずれにしても当時の組織の長だった方は、みな優秀で幅広い教養と趣味をお持ちだったと私は思う。

企画係長として、オープニング・イベントを考えている内に、国際会議として、アムネスティ・インターナショナルが世界大会を1991年夏に、横浜でやりたいという話が来た。1988年8月に東京ドームで行なわれた「ヒューマンライツ・ナウ・コンサート」には、私も招待され見に行っているので、同年の春頃には日本事務局から使用の申込みがあったのだと思う。

コンサートの当日は、日本の竜童組から始まり、トレイシー・チャップマン、ユッスー・ンドゥールなどが順に出て、長い休憩の後に、ブルース・スプリングスティーンが出た。すると、それまで椅子に大人しく座って見ていた大部分の観客が、一斉にステージの下に殺到した。その時、隣の席にいた中村とうようさんは言った。

「これはなんだ、みんな、スプリングスティーンを見に来ただけなのか！」

「とうようさんは嫌いなんですか」と聞くと、

「いや、俺も好きだよ」

この時は、バンド・チェンジに異常に時間掛かり、中村とうようさんは、

「アメリカでは、こういうときは、歌手や俳優が出てきてつなぐんだけどね……」

私が「ビートたけしあたりでやれば良いのにね……」と言うと、「たけしじゃ無理だよ」と切り捨てた。とうようさんは大衆芸能にも大変に詳しく、あきれたボーイズを最初に若者に紹介したのも中村とうようさんだった。関西の漫才「ミスワカナ・玉松一郎」のミスワカナを高く評価したのも、そうである（女優の森光子は晩年に至るまで若いタレントと平気で付き合っていて、それが彼女の若さの秘訣のように言われていたが、ミスワカナと一緒に旅巡業やっていたことがあり、彼女の当意即妙の対応は、ミスワカナから得たものだと思う）。

こうして、アムネスティ・インターナショナルの総会の開催にも合せて、いよいよ世界的、地球的なテーマを持ったイベントをオープニング・イベントとしてすることになり「ウォーマッド」が最適だとなったのである。

「ウォーマッド89 in Finland（PROVINSSIROCK 89）」。1980年代、ヨーロッパ各地でフェスティバルが開かれ出した時の様子。

東京・城南地区が生んだ有名なアーティストたち

私と田村光男が生まれ育った東京の品川区、大田区、世田谷区などの南部地区は、東京の他のエリアとは異なる匂いを持つ芸術家たちを生んでいる。黒澤明、立川談志、そして石橋蓮司である。彼らには、共通したものがある。それは東京生まれの東京育ちの人間でありながら、どこか田舎くさいというか、ダサいところがある。

黒澤明は、父・黒澤勇氏が日本体育学校（現在の日本体育大学の大本）と日本体育会（現在の日本体育協会とはまったく無関係の民間の体育クラブで、あえて言えばカルチャー・クラブのような民間団体だった）の理事・教員の八男として1910年に生まれ、品川区東大井にあった同校の官舎で育っている。晩年の1990年の映画『夢』の最初に、大きな屋敷や立派なひな祭りの場面が出てくるので、黒澤明の家は裕福で豪壮な屋敷だと勘違いしている人もいるが、それは、彼の願望でありまったく違う。

彼は東大井の学校の官舎で育ち、小学校は上流の子弟の学校だった高輪の私立森村学園に行ったが、1918年8歳の時に文京区の尋常小学校に転校している。父の黒澤勇氏が、1914年に上野恩賜公園などで開かれた「東京大正博覧会」への出展の赤字の責任を取らされ、1915年に日本体育会をクビになってしまい急に家が貧乏になったからである。彼の家は、その後新宿、恵比寿などに変わるが、どれも借家だった。兄の黒澤丙午（くろさわへいご）氏が、映画の人気活動弁士の須田貞明（すだていめい）となり、収入も増えたので、黒澤明は兄の家に居候する。だが黒澤が23歳の時、兄の丙午は１９３３年７月に自殺してしまう。仕方なく画家への道を諦めて、１９３６年に新しい映画会社ＰＣＬ（ピー・シー・エル映画製作所）の助監督試験を受けて合格し、東宝に入社する。

このように、父が日本体育会理事という一応裕福な家庭にいたのに、クビになり一切の収入が絶たれて急に家が貧困に陥ったことは、黒澤を反体制的にし、一時は彼を日本共産党の活動家にまでにする。だから逮捕されて党活動を離れても、彼の心には金持ちや権力者への反発がずっとあった。１９６０年の『悪い奴ほどよく眠る』や１９６３年の『天国と地獄』での偉い人や金持ちへの彼の反感は、その現れである。彼がＰＣＬの助監督試験に合格したのも、兄の黒澤丙午と深い関係があった。

当時、ＰＣＬ映画の責任者は、森岩雄だったが、彼と黒澤丙午（須田貞明）は、もともと共に映画雑誌の投稿仲間で知合いだった。それが、一方は、新設の映画会社の責任者になっているのに、友人だった黒澤の兄の黒澤丙午は、トーキー・ストライキなどが原因で自殺してしまった。その弟が助監督試験を受験してきたので、合格させるのは人情というものだろう。黒澤明は、自伝『蝦蟇の油』で助監督試験の面接の際、人事課長から嫌がらせに近い質問を受けたと書いている。ＰＣＬでは助監督は「大卒の、若者」が受験資格だったのに、大卒でもなく26

歳と年もいっている黒澤明を、友人の弟とのことで「情実合格」させようとした森岩雄に、人事課長が反発したのも当然だろう。また、この頃、黒澤の服装がひどくてボロボロだったことは、監督の山本嘉次郎が書いているほどで、相当に貧困だった。

黒澤明で、やはり書いておきたいのは、彼が戦争に行っていないことである。彼とほぼ同時代人の監督の山本薩夫（1910年生まれ）、今井正（1912年生まれ）らは徴兵されている。さらに撮影技師で後に特撮の第一人者となる円谷英二（1901年生まれ）ですら1週間軍隊に行っているのに、黒澤が召集されていないのは異常と言うしかない。

彼は『蝦蟇の油』の中では、二十歳の徴兵検査の時、父の教え子だった担当者がいたので除外されたと書いてある。だがその徴兵検査は1930年、いわゆる「宇垣軍縮」により一番徴兵が緩かったときである。反対に1940年代は兵士不足で、すでに40歳を越えていた中野重治でさえ徴兵された戦中期とは、時代がまったく違う。私は、日活からせっかく引き抜いてきたのに、徴兵されて1938年9月に中国で病死してしまった山中貞雄の件が影響していたと思う。「黒澤を第二の山中にするな」との思いが、森岩雄氏にはあったのだろうと私は思うのだ。

そして、この「自分は戦争に行っていない」という「贖罪意識」は、戦後の黒澤映画のテーマの根幹と倫理性になる。戦中期までの黒澤は、『姿三四郎』に代表されるように、上手い娯楽アクション映画監督であり、倫理性は皆無である。ところが戦後になると一変するのは彼の

「贖罪意識」だが、これが日本の戦後社会で、戦争の記憶が国民全体に希薄になるに連れて、彼の倫理性も失われていく。そして代わりに出てきたのが、映画の絵画性で、それは晩年になるほど増してゆくが、代わりにテーマは希薄になる。その変遷は彼が戦争に行っていないことが背景にあると思うが、詳しくは拙著『黒澤明の十字架』（現代企画室）をお読みいただければ幸いである。

黒澤が住んだのは、荏原郡東大井、牛込区西江戸川、渋谷区恵比寿、結婚後は世田谷区砧、成城と東京の周辺部であり、決して中心ではなかったことは記憶されて良いことだと思う。

立川談志は1935年、小石川の生まれだが、育ったのは大森区鵜の木で、江戸落語の舞台である下町の江戸っ子ではない。蒲田の東京高校を中退して、1952年に柳家小さんに弟子入りし、二つ目で柳家こゑんを名乗る。ラジオ東京（TBSラジオ）の竹脇昌作（俳優の竹脇無我の父親で人気アナウンサーだったが、後に自殺する）の夕方の番組『東京ダイヤル』での「こゑんチャンのおしゃべり」で人気を得て、1963年に真打ちで立川談志になる。

私が高校生の頃、東京の高校の文化祭に行くと、必ず談志のものまねをする高校生がいたもので、彼は10代の少年のアイドルだった。当時、テレビを見ていてびっくりしたのは、モダン・ジャズのサックス・プレイヤーのローランド・カーク1964年の公演のことを談志が話した時で、「こんな落語家がいるのか、こいつの好奇心はすごい！」と思ったものだ。

その意味では、1971年に参議院議員選挙に出て全国区で初当選し、自民党に入ったのには、多くのかつての少年ファンは落胆したと思う。所詮は権力に尻尾を振る芸能人なのかと。1970年代末の六代目三遊亭圓生の「落語三遊協会騒動」の元凶は、今日では談志であることが明らかになっている。古典、新作に通じ、落語家としての力量は当代随一でも、人間性には問題があり、組織を率いる人間ではなかった。実は、談志ほど落語などのレコード、ビデオ、CDを多数残した落語家はいない。かつては、大阪落語の二代目桂春団治が多いと言われていた。俗に「後家殺し」と言われた春団治は、その女たちへのお手当のために、複数のレコード会社に多数の噺を吹き込み、録音の現場でもらった現金を使ったからだと言われている。同様な事例は、歌舞伎にもあり、十五代目市村羽左衛門である。彼も大変な艶福家で、毎月松竹からもらうお手当は、実家の本妻さんに行ってしまう。そこで歌舞伎の多くの演目をレコードに吹き込み、現場で渡される現金を持って女性のところに行ったそうだ。だが、天性の二枚目で、誰からも愛された羽左衛門に文句を言う人はいなかった。要は、人間性の問題だろうか。談志は、十分に所得があった（松本ヒロは、ある知人からの話で、談志の預金通帳には数億円があったと聞かされたとのことだ）ので、記録の多さは、単純に自分の芸の優れているところを残したかったのだと私は思う。

談志は、「落語は人間の業（ごう）の肯定である」と言っていて、それは正しいが、彼の持っている本質的な矛盾の言訳にもみえる。談志が言うまでもなく、人間は誰でも矛盾を持ち、理性では駄目だと分っていても、それをやってしまう「分っちゃいるけど止められない」存在である。青島幸男が書き、植木等が歌って大ヒットした「スーダラ節」の歌詞の意味は、大げさに言えば、自己の欲望を自由に実現してよいとの日本の戦後の民主主義の価値観だが、それは自己規制を伴わないと不道徳に陥る危険を示唆している。だが、そうした危険なスリルを談志の落語は常に持っていたので、他の落語家とは異なる独自性があったと言える。

黒澤明、そして立川談志と来て、石橋蓮司とはやや格下ではないかと思う人もいるだろう。ここは私の俳優への好みで、１９７０年代以降の日本の演劇界で、最上の演劇体験を味わわせてくれた役者として石橋を上げたい。

１９４１年8月、東京府荏原区に生まれた彼は、東映児童劇団に入り、関川秀雄監督の１９５５年の教育映画『ふろたき大将』で映画デビューする。以後、この風呂というのは、その後も彼にいつも付いていて、１９６０年代の東映東京撮影所のヒット映画『網走番外地』シリーズでは、高倉健ら受刑者が刑務所の風呂場で起こす騒動のシーンにも石橋は出ていた。それらで彼は「オカマ」の囚人・由利徹から秋波を送られる美少年役だった。そして、劇団青俳を出て、蜷川幸雄らと作った演劇集団櫻社の、１９７３年12月新宿文化での公演『泣かないのか？泣かないのか一九七三年のために？』では、元教師の蟹江敬三と元高校生の石橋が、場末の銭湯で再会し、最後は時の連合赤軍の浅間山荘事件を思わせる「死の残酷ショー」が結末になる。

その後、石橋は緑魔子と第七病棟を作り、１９８３年の『おとことおんなの午後』では、荒川区町屋の古い家屋で劇が演じられ観客は、その家の庭から部屋を見るような劇になっていた。１９８５年の『ビニールの城』では、廃屋化していたかつての大劇場・浅草の常磐座で、１９８７年の『湯気の中のナウシカ』では阿佐ヶ谷の元映画館オデオン座で、１９９２年の『オルゴールの墓』では上野の元銭湯でと、大都市の底辺に住む若い男と女のすれ違いを、「すれ違いこそが男女の本質的な運命」として美しく描かれていた。

そこにも、東京の周辺から全体を見る姿勢を見ることができるだろう。

黒澤、談志、そして石橋が作り上げたのは、城南地区という「周縁」から東京を見る視点である。黒澤の映画にも東京は出てくるが、中心部の丸の内や東京駅などはなく（『天国と地獄』で、公衆電話から掛けた場所として有楽町のガードの横が出てくる）、意外にも場末が多い。中心からではなく、周縁にいて、そこから見られる都市の全体性である。その意味で、私は日本の映画、落語、演劇の世界での最上の芸術家たちとして黒澤明、立川談志、そして石橋蓮司をあげたいと思うのである。

周縁から中心へ、そしてそのことによって世界全体を把握する試み。それは、田村光男、私、そして中村とうようさんにも共通する思いだったと思う。中村とうようさんは「ウォーマッド横浜」をＰＲするため、田村の会社「ウォーマッド・ジャパン」が出していた『ＷＯＭＡＤ Ｊｏｕｒｎａｌ』（１９９０年12月号）で次のように書いている。

「ぼくたちはそれぞれ自分の育った文化というものに、知らず知らずのうちに縛られている。自分の文化を捨てて完全に自由になるなんてことは不可能だし、そうなれば一種の根ナシ草になってしまうが、自分が一つの文化に縛りつけられていることを自覚し、それを解きほどく努力は、いつも忘れないようにしなければならないと思う。そのためにも世界の音楽を偏見なく楽しむ、『ワールド・ミュージック的な姿勢』が大切だ」

これは音楽のみならず、すべての文化・芸術に対しての言葉だと私は今も思う。

よく分らないけれど、指田さんが良いと思うなら

１９８８年12月に、田村光男と再会し、パシフィコ横浜のオープニング・イベントとして、「ウォーマッド」をやることを１９８９年の春頃には私と田村の中では決めても、それをパシフィコ横浜の社内、さらに横浜市役所に了解してもらい、またイギリスのウォーマッド本部と合意するためには、多くの関門があった。

そこで私は、二つのことをした。まず日本の音楽業界の現状を調査することで、これは『ミュージック・マガジン』にいた藤田正さんが編集部を辞めてフリーとなったところだったので、彼に日本の音楽業界の現状調査をやってもらった。結果は日本の音楽業界では、クラシックよりもポピュラー音楽の方が、マーケットが大きくイベント等も多いという当然の結果が出

て、オープン時もその後も、ポピュラー音楽をマーケットとしていくべきという結論にして社内の役員会に報告した。

次は田村の提案によるもので、何をやるか何も決まっていないのだから、まずイベントの内容を考えること、「コンセプト・ワーキング」をやれば良いというもので、委員会を作り幅広い分野の専門家と何回かの委員会を開催して報告書を作った。委員には田村の他、後に東京藝術大学の教授となり、当時は中野で「プランB」というイベント・スペースをやっていて、同時通訳者でスーザン・ソンタグの翻訳もある故・木幡和枝さん、都市計画家の難波祐介氏らに入っていただいた。ここでも結論は「地球的、祝祭的なもの」で、「日本国内では最初のもの」などの「ウォーマッド」に行き着くような報告書を作り、役員会へ1989年1月に報告した。このとき岡本総務部長からは、「なんだかよく分からないけれど、指田さんが良いと思うなら、やってみてくれ」との評価をもらった。それまでの、会社のネーミング、その他営業部での活動の実績を認めてくれたものだと思う。

その前年の1998年12月には、パシフィコ横浜の1期工事が着工されていて、各団体、各地からの問合せや訪問が増え、私たちはそれに忙殺された。同年秋には昭和天皇が倒れられて、翌1989年1月には崩御され、昭和から平成に代わった頃のことである。

パシフィコ横浜の設計監理は元は住友営繕部で、日本で最大の設計会社の（株）日建設計が行なったが、実は大きな変更が幾つもあった。高木社長は、できるだけ社内の多くの人の意見を入れるという発想で、社の役員には総務部長の岡本氏の他、建築部長は、やはり横浜市からの出向で、都市デザインや建築畑で全国にその名を知られた若竹薫部長、（特）国際観光振興会で日本を世界に宣伝されて来た佐久間健治部長、日本政策投資銀行（当時は、まだ日本開発銀行）で、全国で地方の民間、公的双方の企業体への出向の経験があり、会社作りと経営のプロの谷口氏など、みな大変な論客だった。高木社長は、担当分野などは関係なく、みんなから自由に意見を出させる方で、役員会が始まると、どのような案件でも予想された時間内には議論が終わらないという社風になっていった。これが、大蔵省や国鉄という日本を代表する大組織を運営された方の方法なのかと私たちは思ったものだ。

中で大きな設計変更の一つは、会議センター、展示ホール、ホテルを結ぶ中心のエリアの処理だった。当初、ここは自由に行き来できる2層の通路で、大屋根の中央に小さな穴が開いている形だった。これに対し高木社長が「新宿駅西口みたいで空が塞がれていて不愉快だね……」と言った。そこで、大屋根に当たる2階部分のデッキを最小限にして丸く囲み、その真ん中に直径２００メートルのプラザを作ることになった。そのため日建設計は、急遽ハワイの建築家にデザインを委託した。その方は（たしか女性だった）、横浜市の所在をよく知らず、香港やバンコク同様のアジアの都市として設計したので、トロピカルで地中海風の石張りの白色の広場になった。そのため夏は良いが、冬は寒々しい場所になってしまった。また、展示場には駐車場が必須で、当初は周囲の空地に数十台の物を作る予定だった。だが、アメリカの展示場の事情に詳しい佐久間部長の強い意見で、数十台では当然に不足するので、数百台の大規模な駐車場を作ることになった。ところが適当な空き地が周囲にないので、展示場の地下に新たに駐車場を作ることになった。ただパシフィコ横浜は株式会社であり、すでに会社には駐車場建設の予算の余裕がなかった。そこで横浜市のある外郭団体が整備することになったが、これに力（ちから）ワザを見せたのは、総務部長の岡本さんだった。

またあるとき、横浜みなとみらい21の会社役員（住宅都市整備公団からの方だった）が、千葉の幕張と横浜を結ぶ東京湾横断フェリーの企画案を持ってきて役員会で説明した。すると高木社長は、当時は浦安にあった東京ベイホールの役員の方の名を上げ、「この人に会って話を聞いて来れば……」と佐久間氏に言った。そこは、当時は日本火災という保険会社がオーナーだったので、たぶん旧・大蔵省から「天下りした方」がいたのだと推測する。

1994年に、パシフィコ横浜に国立大ホールができたとき、横浜への「管理委託条件」の一つとして、パシフィコ横浜に大蔵省からの職員を役員として受け入れた。財産管理の専門家で、国立大ホールの維持管理と修繕計画の担当役員だった。この方は、月数回の役員会、取締役会に出て静かにされている温厚な方で、余計なことはまったくされなかった。「天下り官僚」の生き方をよく心得ている方で、私は好感をもった。この人が素晴らしい働きをしたのは、埼玉のスーパー・アリーナを見学に行ったときだった。そこも元は国鉄の財産なので、たぶん「大蔵」から人が行っていたに違いない、見学と調査の手配は完璧だった。そして、埼玉への山手線の車内で、私は明治通りを地下鉄で行き、東横線が池袋へと延伸、相互乗り入れする路線の計画を初めて聞いた。今の東京メトロの地下鉄副都心線である。大蔵省の人材と情報とネットワークはまことにすごいと思ったものである。

UK「ウォーマッド」視察～ウォーマッド日本委員会

中村とうようさんに「ウォーマッド」の話をいつしたかだが、たぶん1989年2月頃、神田神保町のミュージック・マガジン社に行ったときだと思う。すると、とうようさんは、「役所とやるのは気が進まないんだ」と、1986年の武蔵野市民文化会館のオープニングのことを話した。そこの企画委員に知人の音楽学者の小島美子（こじまとみこ）先生が入っていた関係で、とうようさんがポピュラー音楽を担当し、ザイール（当時）のパパ・ウエンバの公演をすることになった。

だが「誰も知らない西アフリカの者なんかを呼んで平気なのかと、武蔵野市の企画委員の先生方が、このマガジン社にまでドヤドヤと来て詰問された。あんまりうるさいので、赤字になったら俺が責任を取るよ！　と言ってやったら帰ったよ」と、とうようさん。

また「アフリカ等のアーティストを招聘するには、本当に来るか、現地に人を派遣するくらいじゃないとできないぞ！」とも脅された。

私からは、どちらについても、横浜市役所と田村の会社の実績、さらに招聘はイギリスのウォーマッド本部がやるとのことで安心していただいた。

後に「ウォーマッド日本委員会」を作り、アーティストの選考をやった時、終了後に四谷の中華レストランで懇親をすることがあった。すると中村とうようさんは、「僕は若いときは、この四谷消防署の裏に住んでいて、この向こうには池があって料亭もあったんだよねぇ……」など昔ばなしをされて大変にご機嫌だった。だが1991年のアーティストの選定では、一番問題になったのが坂本龍一で、なぜか、とうようさんは彼を出すのに最後まで反対した。最後にはイギリス側の強い意向もあり、ゲスト的に出ることにした。

1991年で最大の問題は、当初チケットの売れ行きが振るわず、最終的に田村は、大学時代からの友人で、当時都はるみさんのマネージャーだった方を通じて彼女の出演を追加し、とうようさんも大賛成した。ところが、これに対して横浜市都市計画局からは「演歌の歌手をなぜ出すのか、そんなイベントに補助金は出せない!」と言われたのには（私の後任となった）鯉渕信也君も困っていた。クラシックの歌手なら大賛成だったにちがいないが、横浜市の役人の「文化的レベル」は、当時はそんなものだったのだ。

この数年前に私は、当時日本で、イギリスの「ウォーマッド」の唯一の窓口だった秋山美代子さんと知合った。デザイナーで写真家の秋山さんは、イギリスやフランスのコンサートを多数見に行き、「ウォーマッド」の幹部らと懇意になっていた。私は、横浜市都市計画局の課長を関西と四国のコンベンション施設を案内する視察の途中、神戸で秋山さんに会った。そこで強く勧められたのがイギリスの「ウォーマッド」に行くことで、実際に私と田村、秋山さんは、それぞれ別の行程で、１９８９年８月末にイギリスの西海岸で行なわれていた「ウォーマッド」に行くことになった。

１９８９年８月に成田を出て、ロンドンのヒースロー空港に着き、ブライモン航空というローカル線に乗換え、西海岸のコーンウォールに飛んだ。デ・ハビランド社の双発機で、座席には英語表記に並びゲール語らしき注意書きがあった。コーンウォールはイギリス西海岸で、そこはメイフラワー号がアメリカに向けて出航したプリマス港も近く、高い崖が続く海岸線がはっきりと見えた。空港に着くとそこは小高い丘。乗客は迎えの車で皆いなくなった。タクシーを呼んでもらい、鉄道駅に降りそこから会場近くのセイント・オーステレル駅に行った。

１９９８年の会場、カーリヨン・ベイは、海岸近くの浜辺で、民間デベロッパーが開発をしたが、途中で中断されたエリア約20ヘクタールで、将来は住宅と別荘にする計画とのことだった。常設のホールのメイン会場（２０００人）の他、仮設のテント（８００人）と野外の中ステージがあり、屋外には世界中の物品のフリー・マーケットと飲食テントなどで、完全なお祭り空間になっていた。

海岸には、テント用地があり、金、土、日（３日でイベントの入場料は約６０００円）の会期中、そのテントで宿泊し、コンサートに参加する家族連れが多くいた。当時、イギリスはサッチャー政権下の経済不況で、多くの若い観客は都市から自家用車どころかヒッチ・ハイクで来る若者も多いとのことだった。観客は全部で約1万人だが、中に無料入場者が1割くらいいるというのには驚いた。全体に警備などは大変に緩く、このあたりは異常に安全や食品衛生が煩わしい日本とは大違いだった。田村によれば、日本のイベントでいちばん金が掛るのは警備と消防対応だそうで、「こんなに緩いのは日本ではあり得ない」とのこと。私が横浜市のある研修で聞いた弁護士の話では、「日本で、イベント等で災害が起きれば、家族感情からして役所に金で補塡させるしか解決の方法はないと裁判所も決めている」とのことで、国情の差というしかない。と同時に、1967年の「モンタレー・ポップ・フェスティバル」、1969年の「ウッドストック」以来、この手のフェスティバルは、国や自治体ではなく、「完全に自分たちの手で自由に行ってきたのだ」という自負と歴史の厚みも強く感じた。

この年のイギリスの「ウォーマッド」のアーティストは、アフリカ、アジア、ラテン・アメリカなど多様で、メインと言えるのはタンザニアのレミー・オンガーラとパキスタンのヌスラットと並ぶカッワーリーのグループのサブリ・ブラザースだった。会場には、我々の他、日本からは「フェスティバル・コンダ・ロータ」を主催する（株）カンバセーションの方、大阪で翌1990年に行なわれた「国際花と緑の博覧会」の海外音楽イベントを担当された大阪のレコード店ラングーンの丸橋基さん、さらに音楽評論家の高橋健太郎さんも来ていた。

会期が終わった後、バース市にあるウォーマッドの本部で、田村と秋山氏、私の3人で、1

９９１年の横浜での開催について意見交換して合意した。「ウォーマッド」の人たちによれば、「日本で知っているのは（太鼓芸能集団）鼓童だが、彼らはオーバー・コンセントレーションに見え好みではない」とのことだった。帰って、木幡和枝さんにその旨を話すと「西欧の芸術文化は、宗教からの人間の解放なので、コンセントレーションは苦手なのだ」とのお答えだったが、たしかにその通りだと思う。

横浜に戻ると、私は、すぐにＡ４で20ページの報告書を作って横浜市役所中に配った。文化や芸術は、形にしないと人間は信じないので、「こういうイベントです」と見せたわけだ。配布していたとき、港湾局の私の前任係長のＫ氏が、「日頃クールな指田さんが、こんなに思い入れているのは非常に怪しいことで、普通じゃないですね」と言った台詞が今も忘れられない。

日本で「ウォーマッド」を開催するに当たって、何か組織を作るべきだと考えたのは田村で、『ウォーマッド』はただのイベントではなく、どこか運動体的なところがあるの」がその理由だった。これに乗ったのは秋山さんで、自分の居場所ができる意味もあり、ウォーマッド日本委員会が作られ、彼女が委員長になった。

中村とうようさんは顧問で、他には音楽学者の細川周平氏、音楽評論家でイギリスのウォーマッドの記事を書いたことのある神波京平氏、音楽評論家の松村洋氏、さらに秋山さんの知合いの編集者の原口啓一氏で、私と田村も入った。そこでは、主にイギリスから提示されたアーティストの選定を議論したが、勿論とうようさんが議論の中心だった。

第2回目（1992年）のプログラム

田村光男氏

指田文夫取材作成『WOMAD '89フェスティバル調査報告書』（横浜国際平和会議場　1989年刊）

1991
NO.2

編集・発行
ウォーマッド・ジャパン
〒160東京都新宿区須賀町
1番地 大和屋ビル

WOMAD Journal

World of Music Arts and Dance

WOMAD 91 YOKOHAMA

〈ウォーマッド 91横浜〉実施概要決定!!

日程：1991年 8月30日（金）、31日（土）、9月1日（日）
DATE：30, 31, August and 1, September in 1991.
時間：午後1時から午後10時まで
TIME：From 1PM. to 10PM.
会場：パシフィコ横浜内会議センター及び臨港パーク
PLACE：Pacifico Yokohama and Seaside Park.

ウォーマッドの日本開催に向けての準備もいよいよピッチが上がってきました。日本での第1回目の開催は横浜市の「みなとみらい21」構想のリーディングプロジェクト・横浜国際平和会議場（愛称パシフィコ横浜）のオープニングイベントとなります。横浜のＪＲ、東横線の桜木町駅から大観覧車が見えましょう。あのあたりです。パシフィコ横浜の施設と臨港パークに仮設した野外ステージでのコンサートや、その他トークフォーラム、ワークショップが展開されます。食べ物や飲み物、Ｔシャツ、エスニックグッズの販売ブースもにぎやかに出店する予定。一番気になるチケットの販売については、今しばらくお待ち下さい。決まり次第、情報誌、一般誌でお知らせします。

某月某日、ウォーマッドジャパンオフィスにてもたれたウォーマッド日本委員会のミーティング風景。
出席者は、神波京平、細川周平、松村洋、中村とうよう、秋山美代子、田村光男、指田文夫、原口啓一（敬称略）

『WOMAD JOURNAL』（1991 no.2）

パシフィコ横浜を離れ、横浜市総務局国際室へ

1990年1月、私は横浜市の人事異動でパシフィコ横浜から横浜市役所に戻ることになった。市役所的な言語で言えば、横浜市都市計画局から（株）横浜国際平和会議場への出向を解き、さらに横浜市総務局国際室への異動を命ずるという人事異動である。手帳を見ると、「ウォーマッド残念」とメモしてあるので、最後までやりたかったのだと思うが、組織の人間で課長補佐から課長への昇進でもあるので喜んで受けた。後任は、私が港湾局にいたとき、同じ係にいた鯉渕信也君で、まじめな頑張り屋なので、安心して後を託した。そのこともあり、1990年はパシフィコ横浜の工事の進捗と共に「ウォーマッド横浜」開催についてもさまざまな紆余曲折があったはずだが、私は一切からんでいないので、記述しない。

そして翌1991年正月になると、私は、静岡県富士宮市上井手（かみいで）にあった（財）国際貿易研修センターに、英語の研修で1月から3カ月間行かされることになった。ここは、元通産省事務次官でイランでの石油開発計画（IJPC）を担当されたが、ホメイニ革命で同国のプロジェクトが破綻し、通算省も辞められた山下英明氏が作られた英語の研修機関だった。主に国の省庁の職員が海外勤務を命じられた時、徹底的な語学研修をしておく機関として設立された。

そこでの3カ月間は、英語研修の日々を送り、国際コミュニケーション英語能力テスト（TOEIC）も3回受けさせられて、私は「ウォーマッド」とは無関係になった。だが、この間、東京の中村とうようさんからは、2回電話が掛って来た。一つは「鯉渕君は、俺をなんだと思っているんだ！」というもので、これには笑った。私からは、彼は東大経済学部から厚生省に入ったが、家の事情で横浜市に再度入庁してきたことを伝えてご機嫌を直してもらった。とうようさんは、言うまでもなく京都大学経済学部卒なので、納得されたようだった。この辺が中村とうようさんの可愛いところである。もう1回は、内容がなんだったのかよく憶えていないが、「早く横浜に帰って来て『ウォーマッド』のことをやれ」だったと思う。

1991年の春には、イギリスの「ウォーマッド」からトーマス・ブルーマンらが来日し、出演するアーティストについて、日本委員会のメンバーと議論した。トーマスから、「誰か入れたいアーティストはいないか」と聞かれたとき、とうようさんをはじめ日本側の委員全員が言ったのは「ヴァン・モリソン！」だった。だが、「彼は長距離の飛行機ツアーができない、以前オーストラリアに行ったとき、こんな長いのは2度と行かないと言ったので無理」との答えだった。秋山さんが「飛行機の中で酒を飲んでメロメロになったんです」と言うと、中村とうようさんのご意見が傑作で、「彼をまずイスラム教徒に改宗させ、禁酒させれば良いんだ」には全員が笑った。カソリックの祭司になるために、一時は音楽活動を辞めたこともある彼に、そんなことは到底無理なことだったのだから。

また当初の予定ではパキスタンのヌスラット・ファテ・アリ・ハーンが入っていたので、みんな喜んだ。ヌスラットがいれば、セネガルのユッスー・ンドールと並びワールド・ミュージック界の二大スターが出るので。だがヌスラットは、すぐに駄目になる。パキスタンの国家的行事に出るためとのことで、それを覆すには日本の外務大臣クラスが行って頼まないと無理とのことで諦めることになった。

そして1991年7月、パシフィコ横浜はオープンし、横浜市はこれを祝って「ピースメッセンジャー都市会議」をパシフィコ横浜で主催した。横浜市は1987年に国連からピースメッセンジャー都市に認定されており、国内では広島、長崎、東京とならぶ大変に名誉な称号の一つである。私は横浜市国際室から、参加都市の招聘に向け1991年6月にイタリアのローマ市とフィレンツェ市、オーストラリアのウィーン市、スペインのマドリッド市、さらにポルトガルのリスボン市に行って参加を要請した。この旅で私が知ったのは、「ピースメッセンジャー都市会議は、欧米の社民党、労働党の運動の一つだが、広義で言えば反ナチズム運動だ」ということで、欧米での反ナチズム運動の大きさと強さにあらためて驚いた。

その例として、イタリアでは、コモ市が認定されている。コモなど日本人はまず知らないだろうが、ここは、イタリアの独裁者ムッソリーニが逮捕された場所で、それを記念しているのである。では、なぜ横浜市が認定されたかと言えば、横浜市は毎年市内の公立小中学校で、平和募金というのをやっていて、それを国連に寄付しているからなのだ。

ローマ、フィレンチェ、ウィーン、マドリードと廻って、最後にポルトガルのリスボンに着いた。リスボンのホテルに行くと、日本大使館から電話があり、「大使がお会いしたいので来てくれ」とのことだった。現地のジェトロの代表によると、「大使はとても気さくな良い方なので行ってみれば」と言われて日本大使館を訪問した。すると大使は、三島由紀夫の弟の平岡千之（ひらおかちゆき）氏だった。少し太られてはいるが三島に大変に似た顔付きで、「カンラ、カラカラ」と高笑いをされるところも三島にそっくりだった（もちろん、私は三島由紀夫に会ったことはないが、そう聞いている）。

「ピースメッセンジャー都市会議」では、私は国連事務次長のアテンドをした。大会が終了した日曜日の朝、ホテルに迎えに行くと、サフロンチャクというソ連からの事務次長は『ジャパン・タイムズ』を読んでいた。国連職員というと、国連事務局から続々と情報が送られてくるような感じがあるが、彼が実際に情報を得ていたのは、日本の英字新聞だった。国連なんてそんなものなのだ。彼を連れて京都に行き、ＪＴＢの英語のできるガイドの方と京都をツアーした。京都で一番喜んだのは「祇園コーナー」で、ここは外人用に日本の茶道、生け花、着物ショーなどを1時間くらいで見せる施設で、日本人は知らないが、外国人には人気のスポットなのだ。同様の施設は東京・六本木にもあり、ここでは「腹切りショー」を見せてくれ、外人には大人気なのである。最後、新幹線で横浜に戻るとき、サフロンチャク氏は大変にご機嫌で、

「今、ソ連は、混乱しているが、いずれ復活するにちがいない」と自慢していた。当時は、ちょうどボリス・エリツィンの共産党への「逆クーデター」が成功した時で、混乱の時期だった。その後、ソ連邦は解体してロシアになり、資本主義化で一時は興隆した。だが、ウラジーミル・プーチン政権以後、大混乱と不景気になり、２０２２年のウクライナ侵攻になっているのは、プーチン個人の資質に問題があったにしても、如何に政治体制が大変革されると落ち着くまでに大変かと言うことを現わすものだろう。

続いて、アムネスティ・インターナショナルの世界大会も7月下旬に無事開催され、パシフィコ横浜のオープニングは大いに盛上がった。

ここでパシフィコ横浜についても、その概略を説明しておく。横浜市に国際会議場を作りたいと最初に考えたのは、第18代の横浜市長だった細郷道一氏で、１９８０年代からマニラやシドニーの国際会議場を実際に視察されていた。そして、みなとみらい地区に横浜市がその中心施設として整備する国際会議場については、１９８０年代中頃に横浜市都市計画局のみなとみらい担当で検討がまず事務レベルで始められ、担当部長と課長が置かれた。同時に、当時経団連会長の花村仁八郎氏、元国連大使の斉藤鎮男氏らを構成員として「構想会」や「懇話会」でなんども検討が重ねられ、１９８７年6月に、株式会社横浜国際平和会議場が設立された。

当時は、中曽根康弘首相の公共事業への「民間活力推進」の国策もあり、関西新空港、東京湾横断道路、幕張メッセ、さらに羽田空港沖合移転の５大民活事業の一つとして位置づけられて推進され株式会社として設立された。

横浜市内のみならず全国２００社以上からの資本金の出資があり、資本金は当初は44億円だったが、その後3回にわたって増資が行なわれ、最終的には１６８億円になった。１９８８年春に工事着工し、１９９１年7月に会議センター棟とホテル棟が竣工し、８月に本格営業を開始した。３回の増資は、会議センター、展示ホール、ホテルを世界のどこに出しても恥ずかしくない国際級の優れた施設と設備とするためであった。１９９１年8月の「ウォーマッド横浜」の開催時期には、まだ展示ホールはできていなくて工事中で、竣工は10月になった。

資本金について言うならば、その後、２００６年8月に資本金を78億円に減資し、累積損失を完全に解消し、それまでの単年度黒字と併せて、経理上の黒字も達成した。この資本金の減・増資方式は、私も、２０００年に再度パシフィコ横浜の総務部長になったとき、日本政策投資銀行出身の経理担当常務から、さんざ聞かされた。「そんな手品みたいなことができるのか？」と思ったが、実際に可能な経理的処理なのだ。事実、この手法で、映画の日活、旅行業のエイチ・アイ・エス（ＨＩＳ）などが、累積損失を一挙に解消して黒字化している。要は、出資者と株主が一時的に損失を受けるが、その後に利益が出るようにして、会社再建する経理手法なのだ。この減・増資を行なったのは、当時社長だった岡本坦さんで、やはり岡本さんの「豪腕」はあらためてすごいと思ったものだ。

パシフィコ横浜は、東京有楽町の元東京都庁の東京国際フォーラムや千葉の埋立地の幕張メッセが、それぞれが建物は東京都や千葉県が、都や県の公費で建設し、管理運営のみを（株）東京国際フォーラムや、（株）幕張メッセに管理委託している、所謂「公設・民営」方式に対し、横浜市からの出資は受けているが、（株）パシフィコ横浜は自分の力で全施設を建設し、経営している完全な「民設・民営」である。その経営には本来非常な困難があり、世界的に見ても、大規模コンベンション施設の運営は、公設・民営が主流なのだが、パシフィコ横浜が黒字化できているのは、職員、役員をはじめ関係者の努力と協力によるもので、大いに評価されるべきものだと私は思う。

1991年8月、第1回「ウォーマッド横浜」開催

1991年8月30日、31日、9月1日に、日本最初の「ウォーマッド91横浜」は開催された。8月30日の最初の演者は、江州音頭（ごうしゅうおんど）の革命児・初代桜川唯丸（さくらがわただまる）で、臨港パークの野外のメイン・ステージから「さあ、みなさん、踊ってくださいよ！」と観客に呼びかけて「ウォーマッド横浜」は始まった（バンド名は、桜川唯丸 & SPIRITUAL UNITY）。平日の金曜日の午後で、野外ステージも人は多くなかったが、そんなことはものともせずに元気にうたって自らも踊った。嘘か本当か知らないが、京阪電車の急行駅

毎に女性がいると言われた師匠は、本職は露天商で、各地の祭礼で店を出している方だった。彼は自分の「電子恋占い」の器械を会場に置きたいと言ってきたが、横浜市という公共団体が関係しているので宗教的行事はまずいとお断りしたのは残念な事だった。また、篠田昌巳と東京チンドン・長谷川宣伝社も、会場内を練り歩いて、お祭り気分は大いに盛り上がった。

前述したように、この時期にパシフィコ横浜で竣工していた建物は、ホテルと会議センターだけだったので、臨港パークの野外に大・中のテントを二つ建てて会場とし、大きな方をメイン・ステージとした。会議センターの１０００人収容の大ホールでは、ジャズや太鼓（林英哲）のコンサートも行なわれた。この時、サックスの坂田明が言った言葉は「ウォーマッド」の趣旨を言い当てていた。「これは音楽の国境をなくそうとする運動だ」と言ったのはさすがだ。よく「音楽には国境がない」と言う人がいるがそれは間違いで、音楽にはクラシック、ポピュラーを問わず明らかに国境がある。アメリカのビルボード誌の第１位になった歌の内、外国曲の最初は、イタリアのドメニコ・モドゥーニョによる１９５８年の「ヴォラーレ」。次はKyu Sakamoto（坂本九）の、１９６３年の「Sukiyaki（上を向いて歩こう）」だった。さらに近年の韓国のＢＴＳなのだから、アメリカの音楽の国境の壁は高いのだ。

会議センターの千人の大ホールでは、沖縄の照谷林助・りんけんの親子の共演や沖縄漫談なども行なわれ極めて好評だった。

野外会場の中ステージでは、アメリカの女性歌手スザンヌ・ヴェガ、ロシアの五重合奏団テレム・カルテットの演奏などもあり、私が、たまたまスザンヌを見ていると、とうようさんも来て「結構やるね……」とご機嫌だった。コーラス・グループのボニージャックスのリーダーだった大町正人氏は、テレムの大きなベースについて「見たことのない楽器だな」と大変に感心されていた。後に大町さんは、パシフィコ横浜の国立大ホールが１９９４年に竣工し、そこで念願の「世界子供コーラス大会」を行なった。

２日目のメイン・ステージのラストは、西アフリカ・セネガルのユッスー・ンドールで、パワフルそのものの歌を見せたが、全体にきわめてクールなところが魅力だった。会議センター内のクラブ・ウォーマッドでは、ダンス・ワークショップや仮面作りなども行なわれ、まさに祭の夜だった。

最終日は、異常に暑く、午後の大ステージに最初に出た、インドネシアのジャイポンガンの女性歌手のデティ・クルニアは、「裸足で踊るので、床が暑くて踊れない！」と言うので、中村とうようさんの厳命で、舞台監督のI君はステージの床に急遽水をまいたほどだった。実は、３日前の木曜日に台風が通過したので、フェーン現象で逆に週末は異常に暑くなったのだった。

テックス・メックスのフラコ・ヒメネス、ロンドンのパンクから来たザ・ポーグス、タンザニアのレミー・オンガラ、日本の上々颱風など、アーティストは実に多彩だった。

２日目の土曜日の午後、私は臨港パーク会場にいると、前月に「ピースメッセンジャー都市会議」に協賛して横浜市海外交流協会が上演した「こどもミュージカル」（これも実は私が企画して、交流協会の知人にやって貰ったのだが）で知り合った若い女性に声を掛けられた。彼女は、子供ミュージカルでは舞台のスタッフだったのだが、ここでは英語の通訳をやっていて、「今日は、午後は暇になったのでここで見ているが、非常に面白い。さっきから『ウォーマッド』は面白いから来ないか、ってみんなに電話しました」と言っていた。中村とうようさんも、「広島の高校生で、明日は帰りますが、面白かったと言われたよ」と嬉しそうだった。ただ、1991年の夏では、南米の一人の白人パーカッショニストがお気にめさなかったようで、『ミュージック・マガジン』にも「最低な奴だ！」と書かれた。

確かに「ウォーマッド」の中には「これは?……」と思うアーティストもいた。「ウォーマッド」は一種の「一座」で玉石混淆であり、良い者もひどい者もいたのだ。田村に言わせれば、そのぶん全体としては安いとのことだったが。事実、1991年のときは、横浜の前にイギリスの2カ所をツアーしており、横浜の後は、カナダのヴァンクーバーに行くものだった。この年には京都のレコード店が、マイクロバスを借り上げて団体で見に来るなど、参加についても多彩な動きがあった。

最終日には都はるみも出た。これは田村が先にも触れたように、はるみさんのマネージャーだった方と「美共闘」で大学時代から知合いだったためで、彼女はこの頃、千葉の三里塚での『原野祭』にも出ている。彼女は、「惚れちゃったんだよ」を、舞台に飛び出すように出てきてうたい、ロッド・スチュワートのようにマイクを握り、全身で歌って会場を興奮させた。実は、舞台に上がるまで彼女は非常に不安だったそうで、「演歌なんて、帰れ！」のコールが来るのではと心配だったそうだ。それを打ち消す意味もあり、彼女の公演の前に、中村とうようさんがステージに出て、前説（まえせつ）をした。

「皆さんは、『ウォーマッド』って、マイナーな歌手が出るイベントだと誤解されているのではないかと思いますが、違います。そこで、一番メジャーな人を出します。都はるみさんです！」と言った。彼女には、専属のフルバンドも付いて来ていた。この時、パシフィコ横浜のある職員は言った、「これほどきれいなパンチ・パーマの集団を初めて見ました」と。

この1991年の「ウォーマッド横浜」の様子は、WOWOWが、3日間ほとんど全日・ライブ中継していて、司会は小林克也、リポーターは秋吉満ちる（Monday満ちる）、戸川京子らだった。

「ウォーマッド91横浜」の評価だが、新聞では読売新聞も「宗教、民族超えたイベント」、日経新聞も「15カ国集う音楽祭」、地元の神奈川新聞も「音楽通じ世界は一つ」と大きく取り上げ、夕刊フジでは「都はるみ世界へ飛躍」とその冒険ぶりが大きくとり上げられていた。雑誌では『ミュージック・マガジン』は、当然大きな扱いだった。8、9月号に出演アーティストの紹介があった他、10月号には、OTO（おと）、関谷元子、高橋健太郎、田中勝則、原田尊志らによる座談会があり、最後にOTOは「ウォーマッド、続けてほしいよね、極楽ですよ、毎日が」と結論していた。

だが、かんじんの横浜市役所の評価と言えば、残念ながら決して芳しいものではなかった。一番の問題が、チケットが予想どおりには当初は売れなかったことで、「世間の評価は大したことはないじゃないか」と私はどこでもいわれた。その中で、チケット販売にご尽力された当時パシフィコ横浜の高橋正隆総務部長のご苦労は察するに余りあるものだった。高橋さんとは、私の最初の職場である市会事務局にいたときからの知合いで、港湾局でも大変にお世話になった方なので、申し訳ないことをしたと思っている。その後、会うたびに私は、高橋さんから「指田にはさんざひどい目に逢わされたよな！」と言われるようになった。だが、一般には好意的な意見もあり、1992年1月4日の朝日新聞（横浜版）の読者欄には、市内の25歳のK女史から、「『ウォーマッド91横浜』が素晴らしかったこと、バブル崩壊しても横浜市は文化事業をやって欲しい」とのご意見もあった。

さらに、音楽やイベント業界での評価は異常に高く、後の1993年頃のことだが、実際に、制作から舞台のすべてを担当していたステーションのMさんは話していた。「今年は、『ウォーマッド横浜』はないのですか、予定を空けて待ってますから……」と照明や音響のおじさんたちから言われたそうだ。皆がスタッフとして参加するのが楽しく、夏のフェスティバルを心待ちにしていたのだ。いずれにしても、いかにこの種のイベントが日本にはなく、「ウォーマッド横浜」が最初だったかを証明するものだろう。再三言うが「フジロック・フェスティバル」が最初ではないのである。

Mさんは続けて、「アーティストの来日はウォーマッドUKの責任で、成田から横浜への移動はJTBに頼んだが、以降は全部私一人。宿泊はインター・コンチネンタルホテル、ギャラもUKだが、デイリー・サブシスタンス・アローアンス（日当）は日本側だったので、私はいつも現金数百万円を持っていた。さらに当時は、まだ携帯電話もスマートフォンもなかったので、舞台の現場間の連絡は小型トランシーバーでやっていて、今考えるとよくできたなと思う」と回想している。

ともかく、日本で最初の大型フェスティバルだったので、スタッフは大変だったろうと想像する。トイレも不足だったが、鯉渕君が、横浜市役所が保有する災害用の非常トイレを急遽手配して間に合わせたのは、さすがだと感心した。

「ウォーマッド91横浜」が無事に開催出来たことで、中村とうようさんはもちろん、私も田村光男も大いに満足した。そして今から考えれば傲慢なことだが、当時の私は、「これで日本の音楽イベントの先頭に立ったな」と感じた。その予感は、2年前のイギリスのコンウォールでの「ウォーマッド」を見たときに、密かに感じたものでもあったのだが、横浜で実現できたことで、本当にそう思うようになった。当時は、すでに1990年秋には、日本経済のバブルは崩壊していたわけだが、「これも普通の景気循環で、いずれ元に戻るだろう」と誰もが思っていた。今考えれば、信じがたいことだが。

第2回目　バブル崩壊の中の大フェスティバル

「ウォーマッド92横浜」への準備は、比較的早く始められたと記憶している。

１９９１年の11月にはイギリスからトーマスらが来て、日本側の委員会のメンバーと意見交換を行なった。また田村は、秋山さんと共に、イギリス側の了解を得て、自分も出資して（株）ウォーマッド・ジャパンを設立していた。ここは田村の商才である。ただ、それ以前に彼と一緒に照明会社を作り、その後に袂を分かった連中に言わせると、「田村は儲け主義者だ……」との悪口になるが、私にはどちらが正しいかは、詳細な事情を知らないので分からない。こうした新規事業を企てるときに必要なことだが、常にいくつかの事業を企てて、その中でどれかが当たればよい程度の目論見でないと新規事業などできないと言うことで、このウォーマッド・ジャパン社の設立は、その後の結果から見れば失敗であり、時期尚早だったということになる。

この１９９１年から１９９２年にかけて、田村の一番の部下で、舞台監督も務めたI君は、彼にかなり厳しい批評をしていた。「92年夏の直前まで、田村さんはウォーマッド関係の準備をほとんどやっていなかったんです」とのことだった。ただ田村にとっては、自分の会社であるステーションを経営していくため「ウォーマッド」だけをやっているわけにはいかず、電通やキリンビールのイベントの制作、あるいは若いころからの得意分野の舞台の演出・制作、元宝塚の明日香都（あすかみやこ）さんのリサイタルの演出、さらには歌手の中山美穂や三原じゅん子のショーの演出などの「儲け仕事」もやっていたので、仕方のないことだったと私は思う。

彼女たちについての演出家・田村光男の意見も非常に興味深いものだった。宝塚出身の明日香さんの評価が高いのは当然としても、中山美穂の評価は意外にも高く、「彼女は頭がよくて理解力もある」とのことだった。反対に低評価だったのは三原順子で、演出のいろんな新手をやっても、まったく理解してもらえずで、大変に苦労したとのこと。「八紘一宇」とか「五族協和」の文句を入れればご機嫌だったのかもしれないが、その程度の人が、3期目の参議院議員とは驚くしかない。

1991年11月29日の夕方、横浜市の国際室にいた私に田村から突然電話がかかってきた。「12月5日のウォーマッド日本委員会には、絶対に来てくれ」とのこと。理由は、11月29日の午後に、「ウォーマッドUKのトーマスと中村とうようさんが、来年のメンバーのことで大喧嘩になって大変に困った」と言うのだ。

12月5日、四谷にあった田村の会社に、日本委員会のメンバーも来て、2回目に希望するアーティストについて、北中正和さんや松村洋さん（この二人は、とうようさんの意見で途中から、原口さん、神波さんの代わりに委員になっていただいていた）もふくめた意見交換を行なった。この時は非常に和気あいあいとした会議で、中村とうようさんとトーマスもまったく言い争うこともなく無事に終わった。その後、トーマスと田村、そして私の３人で食事したが、トーマスもあっけに取られていた。彼曰く、「先日は暴力の恐怖さえ感じたが、今日は……分からない」と言っていた。この中村とうようさんの変貌は、御自身の作戦だったのかは分からない。ただ、一応の先制パンチを食らわせたということだろうと今は思っている。

中村とうようさんのウォーマッドＵＫへの不信、世界のポピュラー音楽への知識不足への不満は、大変に根強いものだった。当時、中村とうようさん以上に、世界のポピュラー音楽について知識のある人はいなかったはずなので、イギリス側の知識不足を言っても始まらないと思うが、とうようさんには、許せなかったようだ。さらに、音楽評論家としての責任感からも、「変な奴を出せない」という意識があったのだろうと思う。

翌１９９２年１月に田村宛てに、とうようさんから手紙が来て、すぐに私にもコピーが送られてきた。

内容は、１回目の１９９１年に出た、インドのジェイ・チャンドランや中国のクォ・ユェなどは「ニューエイジ・ミュージック」で、これらを出すのは問題だ。１９９２年のリストにあるブラジルなどのラテンの連中にもひどいのがいる、ウォーマッドＵＫの連中の批評眼はこの程度である。今は日本では、まだ「ウォーマッド」のブランド力は弱いのだから、この辺で彼らと手を切った方が良い。日本で海外アーティスト招聘に実績のある「スマッシュ」の日高正博さんや「キョードー東京」の遠山豊さんらに経費の見積もりを出してもらい、すべてを比較衡量し、1992年以降をやれば良いと言うものだった。その後、日高氏は、独自に「フジロック・フェスティバル」を始めて今日に至っているのだから、とうようさんは正しかった。

また、とうようさんは、1991年に出た都はるみの、1992年への再出演にも触れ、彼女ではなくテレサ・テンが最適任なことも指摘していた。これが実現すれば、ウォーマッドUK側にも大きなインパクトがあったと思う。

たしかに、広く政治的にみれば今日の中国の「習近平体制」の奢りと傲慢さを見るとき、私はそれに対して政治的に対抗し戦うのは得策とは思えない。例えばテレサのような「異なる中国にルーツを持つ大衆文化」を持ってきて、それで中国を「文化的に包囲すること」によってのみ、習近平体制のような中国を孤立化、変化させることができるのではないかと私は思うのだ。「政治に政治を」ではなく、政治に対して文化で対抗していくことが中長期的な方策なはずだろう。かように中村とうようさんのご意見は、根源的でごもっともなものだったが、田村が、ウォーマッド・ジャパンを設立してイギリス側と手が切れなかったこともあり、結果として、このご意見は田村とI君、そして私までで留まった。

1992年の開催については、パシフィコ横浜ではなく、横浜のみなとみらい地区全体のプロモーションを担う（株）横浜みなとみらい21がやっていくと、1991年の年末には一旦は決まったが、結局はステーションの制作でパシフィコ横浜がやることに戻った。この経緯は、いろいろとあったらしいが、部外者の私は結果しか知らないので、書かない。

今から考えれば、「ウォーマッド92横浜」はかなり上手く行き、また全体を通してもベストな年だったと言えると思う。

理由は、１９９１年をやって田村も会社の社員も、こうした多数のアーティストが出る大規模イベントに慣れ、自信を持ったことがあった。もちろん田村も会社も、国立代々木競技場第一体育館での野田秀樹の芝居『石舞台星七変化（３部作）』（１９８６年）や、あるいはベルギーでの日本祭『ユーロパリア・ジャパン』（１９８９年）のように内外の大型イベントの経験はあった。だが、国内で多数のアーティストが同時に出る大型イベントは「ウォーマッド横浜」が初めてだったから、自信になったのだ。

もう一つは、この年は、（特）国際交流基金の『東南アジア祭』とのコラボレーションの効果もあった。国際交流基金は、１９８０年代初頭からアジアやアラブ、アフリカなどの地域との文化交流イベントに力を入れており、この時期にさらにアジア地域との文化交流を強めるために、１９９０年に渋谷に「アセアン文化センター」を東急本店前の宇田川町のビルに作り、アセアン諸国との音楽、映画、演劇などの文化交流事業を行なっていた。１９９２年には『東南アジア祭』を実施し、マレーシア、インドネシア、シンガポール、タイなどからの音楽や演劇の上演を渋谷でやった。「ウォーマッド横浜」も、これと共同したからである。インドネシアの大都市の庶民音楽ダンドゥットのロマ・イラマ、マレーシアのザイナル・アビディーンなどは、双方のライブに出た。また、当時大変に人気があったシンガポールの「マッド・チャイナマン」ことディック・リーは、渋谷の東急本店内の劇場シアター・コクーンで自作のミュージカル『ビューティ・ワールド』を上演して話題になった。さらに、タイの伝統的語りもの音楽であるモーラムの二人組のグループも出て、アセアン色は大いに高まっていたのだ。

ただ、この時のパシフィコ横浜で問題だったのは、メイン・ステージを臨港パークでの野外から、前年1991年10月に竣工していた展示ホールの屋内に移したことだった。野外に仮設ステージを作る経費が減るが、1万平米の巨大な室内ホールでの仮設舞台なので、大音響の反響がひどく、会場のおよそ半分から後ろくらいでは明瞭に音が聞えないとの苦情が出た。これは、会場主のパシフィコ横浜から出た野外公演の雨の心配からで、実は前年も開催前の木曜日に大型台風の接近があり、本当に野外でできるのか大変に心配したためで、その対策だった。

1991年の8月30日、大雨の台風が接近しているとの予報で、「明日からできるか心配ですね」と、その夜に私が、中村とうようさんに言うと、

「気象庁の予報なんて当てになるか！」

これの言葉には少々驚いたが、翌日朝に抜けてすぐに晴れになって無事に開催できたのだった。だから、この年は、メイン・ステージは展示ホール。サブ・ステージは、臨港パークの

「潮入りの池」周辺になった。

横浜港の潮が満ち引きする池の周辺でのライブは、意外にも好評だった。河内家菊水丸の河内音頭、さらにはギターとカラオケ・ボックスのテープで、西アフリカのパームワイン・ミュージックを演奏し歌って、一人で５００人以上の若者を踊らせたシエラ・レオーネのＳ・Ｅ・ロージーなど、「踊りと音楽を屋外で堪能できた」と好評だった。このロージーおじさんは、本当にギター１本とカラオケ・ボックスだけで世界中を旅する、まさに大道芸人のような人で面白かった。ある日本の音楽関係者が、「日本ではＣＤも出ていますよ」と実物を見せると「俺は、その代金をもらってない、お前が払え！」と言われたという傑作な話もあり、どうにもとぼけたおじさんだった。

「ウォーマッド92横浜」は、１９９２年9月5、６日に行なわれた。前年が、金、土、日の３日間だったが、この年は土・日の２日になった。

この年最大のアーティストは、パキスタンのヌスラット・ファテ・アリ・ハーンで、迫力あるイスラム教のスフィー派の祈りの音楽の「カッワーリー」の集団朗唱を聴かせた。さらに、ザイール（現・コンゴ民主共和国）のパパ・ウエンバには、多くの観客が熱狂した。インドネシアの庶民音楽ダンドットのロマ・イラマ、「マレーシアのスティング」といわれたザイナル・

アビディーンも、それぞれの国の伝統に立った最新の音楽を聴かせた。ザイナルには、そのカッコ良さに若い女性のファンも多かった。

アイルランドのディ・ダナン、前述のシェラ・レオーネのS・E・ロージーと多彩だったが、日本勢も、河内音頭の河内家菊水丸、近田春夫とビブラストーン、ボ・ガンボス、サンディーと強力で、もちろん都はるみも出たが、この年には、前年のような横浜市からのクレームはなかった。彼女の歌の素晴らしさに圧倒され、ただの演歌歌手ではないと気が付いたからに違いない。役人の変わり身の早さというべきだろうか。

6日、日曜日の最後には「ウォーマッド」恒例の「ガラ・コンサート」があり、これには全員がメイン・ステージに上がって歌った。ヌスラットも普段は、床に胡座をかいて歌うのだが、さすがにこの時ばかりは、立って歌った。そのとき、とうようさんは言った。

「立っても歌えるんだ!」

ヌスラットは、イスラム教徒なので酒は飲まず、甘いものが異常に好きで肥満していて内臓疾患からくる手術を受ける途中に、1997年に急死してしまう。まだ、48歳だった。

この2日間のフェスティバルの前に、横浜（横浜駅西口のSTスポット）と東京（六本木WAVE）で、レコード・コンサートも開かれ、参加者の紹介が行なわれて好評だったが、このように様々な広報宣伝が実施された年でもあった。宣伝で言えば（先にも触れたが）、ステーションの職員Tさんが一人で1991年から『WOMAD Journal』という新聞（小冊子）を出しウォーマッド・メイトの募集までしていた。これは、「ウォーマッドは、ただの音楽イベントではなく、一つの運動なんだ」という田村の持論の現れだったが、２年くらいで廃れた。どの程度の広報効果があったか、不明だったが。いずれにしても、各自が自主的に何かをすると言うのが、田村のやり方で、それを止めるなどしなかったのは、彼の会社の力の源泉だったと思う。

終了後の１９９２年９月14日には、ウォーマッド日本委員会が開かれて、意見がいろいろ出された。一番多かったのは、会場の展示ホールの音響の問題で、客席の半分から後ろでは、ほとんど音が明瞭に聞こえないとの指摘があった。当時の日本では、こうした大型会場で、大音響の公演をする際の、有効な音響システムができていなかった。その他、（株）カンバセーションがやっていたライバル的なワールド・ミュージックの「フェスティバル・コンダ・ロータ」が不入りで、また日比谷野音でやっていた「カリビアン・カーニバル」も今後中止になりそうだとの情報も交換された。この頃から、音楽フェスティバルの規模縮小、中止が多くなった。確かに、レゲエの大型コンサートが横浜で二つも行なわれていたのだから異常で、いずれ淘汰されるのは、当然のことだった。

「ウォーマッド横浜」は、地方自治体のイベントとしては、かなり話題になったので、翌１９９３年３月には、私は東京六本木の自治大学校に呼ばれて講演をするほどだった。一自治体が、最先端の音楽イベントをすることは、全国的に見ても稀で、インパクトがあったのだ。

だがその3月に、1993年夏の「ウォーマッド横浜」を中止とすることが決まった。田村、そしてパシフィコ横浜常務の佐久間さん、そして私の3人で「今年は無理だ」と決めた。理由は予算の問題だ。1991年、1992年はパシフィコ横浜の開業で、特に1991年は横浜市からの多額の補助、さらに関連企業から協賛金も頂いた。だが3年目は、もうオープンの「お付き合い」で助成してくれる企業もなくなった。「ウォーマッド横浜」の予算規模は正確には分らないが、1991年については、横浜市からの補助金が約1億円、企業協賛と入場料が、それぞれ同額くらいだと私は推測しており、あるとき田村に訊ねると「大体そんなものだ」と言っていた。すべては、チケットが予想に反して売れなかったことで、やはり少々、時代に先駆けすぎていたことになる。

ただ1994年は、またやれるはずだった。理由は1994年に国立大ホールが出来上がり、そのオープニングとして開催できるからだった。

この頃、六本木のレコード店、WAVEにいた音楽評論家の藤村俊之さんから、「ワールド・ミュージック・ブームは完全に終わりましたね」と私は言われた。

第3回目「子供と世界の芸能祭」という副題を付けて開催

それでも１９９３年は8月21日、22日に、パシフィコ横浜の中心の円形広場のプラザで、「ウォーマッド　コンサート　プラザ～子供と世界の芸能祭」の名で、無料のコンサートが行なわれた。

日本の馬簾太鼓（ばれんだいこ）から始まり、台湾のバンドのバブー、タンザニアのアユブ・オガダ、おおたか静流、旧ユーゴスラビア（現・ボスニア・ヘルツェゴビナ）のヤドランカ、旧ザイールなどのビタシカなどが出た。中では、バブーのメンバー金木義則の、日本と台湾とのバンドの違いの話が面白かった。

この小規模なイベントも『ミュージック・マガジン』同年10月号では、カラー写真に関谷元子さんの批評で、全体が紹介されていた。まだ、同誌の中村とうようさんも、ウォーマッド横浜を期待していたのだと思う。この第3回目は、92から94へとつなごうとする田村の意地が実現されたもので、ほとんど彼の会社の手打ちだったと推測している。

8月21日には渋谷で「フェステイバル・コンダ・ロータ」も行なわれ、これにはガーナの打楽器奏者のカクラバ・ロビ、沖縄の嘉手苅林昌（かでかるりんしょう）、南アフリカ出身のピアニストのアブドール・イブラヒム（ダラー・ブランド）らが出た。

「レゲエ・ジャパンスプラッシュ」（横須賀）、「スカ・エクスプロージョン」（日比谷野外音楽堂）、「上々颱風祭り」（ウッディランド東京）、「河内音頭錦糸町大会」、横浜では「ＹＯＫＯＨＡＭＡ本牧ジャズ祭」も行われていた。

音楽フェスティバルはバブル時代の名残というべきか、まださまざまには行われてはいた。

１９９４年4月25日、パシフィコ横浜の、客席５０００人の国立大ホールは完成した。これは、東京では半蔵門の国立劇場、同じく初台の新国立劇場、大阪の国立文楽劇場、沖縄の国立劇場おきなわと並ぶ、国が建設した大型ホールだが、横浜の国立大ホールの建設費の半分は横浜市の負担だった。ここが会場として有名になり、歴史的映像が残っているのは、同年年12月の新進党の結成大会である。約５０００人の客席が全部埋まり、壇上の国会議員がベートーベンの「第九」をうたい、「新進党」と書かれた巨大な白い布が客席一杯に広げられるなど、派手な演出が行なわれた。

すべて広報担当だった小池百合子のアイディアだったようだ。ただ、観客動員も舞台のスタッフも、すべて創価学会員で、この党の実働部隊が学会員であることを現わしていた。それが原因で新進党は、3年後の１９９７年12月に分裂することになる。その後も、日本の政界では幾つも新党はできたが、この時の記憶のトラウマゆえか、国立大ホールを結成大会にしようする新党が現れないのは残念なことである。

第４回目　ユッスー・ンドゥールとディアマンテスがメイン

「ウォーマッド94横浜」は、１９９４年8月20日、21日に行なわれた。この年のメインは、日系ペルー人、アルベルト城間を中心とする沖縄のバンド、デイアマンテスと、ユッスー・ンドゥール＆スーパー・エトワールで、国立大ホールで公演した。

私は、中村とうようさんの隣の席で見たが、一応とうようさんは喜んでいるようにみえた。

臨港パーク会場では、エジプト奥地のヌビア地方のアリ・ハッサン・クバーン、マダガスカル島の楽器、ヴァリの奏者ジュスタン・ヴァリ、島唄（八重山）の大島保克、在日コリアンたちによって結成された金剛山歌劇団（Keumgangsan Opera Troupe）、ボスニア・ヘルツェゴビナのヤドランカ、ガンビアのデンボ・コンテ（ガンビア）＆セネガルのカウス・クヤテ（セネガル）。国立大ホールのロビー・コンサートでは、日本の若林忠宏、インドのクリシュナムルティ・スリダー、パレスチナのアデル・サラメなどの解説付きのセッションが行われ、山口洋が率いるヒート・ウェイブなども出た。

この年は天気が悪く、屋外イベントが中断・中止になることもあった。中で一番注目されたハッサン・クバーンは、苦虫を噛みつぶしたような顔のお爺さんで、渋い喉を聞かせたが、実際に胃病で、２００１年に亡くなられたとのことだ。

当時、朝日新聞にいて、当時はウォーマッド日本委員会のメンバーでもあった篠崎弘さんは、『ミュージック・マガジン』同年10月号に、過去4回の会場と中身の変遷も含めて次のように書いている。

「半官半民という運営形態は、タチが悪い。景気が悪いと「民」の欠点がモロに出る。そうでないときは、「官」の欠点が恒常的に出る。……自治体や企業からの2〜3年間だけの出向者が担当になる。一度イベントを経験して、要領が分ったころには交替してしまう。効率が悪いこと。おびただしい」

まるで私のことを言っているようで、ドキッとするが、篠崎氏の間違いを指摘すれば、パシフィコ横浜は横浜市が筆頭株主だが、半官半民ではなく、完璧な民間企業、株式会社である。会場の変遷については、1994年は立派な客席、ホールだが、逆に「92年の最悪の音響だったが、会場の奥の屋台では勝手に飲食したり、アーティストも交えて談笑していたのが懐かしい」とも書いている。こうした音楽フェスティバルの整序性と混然性は、大変に両立が難しいものだった。現在の「フジロック・フェスティバル」ではどのように解決されているのだろうか。最後に、氏が「アジア・ウォーマッド」を提唱していたのは、かつてシンガポールのディック・リーを高く評価していた方らしい。

1994年は話題の多い年で、当時はヒト免疫不全症候群（エイズ）が最大の課題で、8月にはパシフィコ横浜で「第10回国際エイズ会議」も開かれた。また、大江健三郎が日本人としては、二人目のノーベル文学賞を受賞した。

12月26日に、私は、田村と中村とうようさんと久しぶりに会った。この時、とうようさんは、「ポピュラー音楽においても基礎的な研究が必要である」ことを盛んに言っておられた。この当時は、ＳＰレコードなど、20世紀初期に録音されたポピュラー音楽の蒐集と研究にあたられていたようだ。

第５回目　阪神淡路大震災と地下鉄サリン事件の年に

翌１９９５年１月には関西で「阪神淡路大地震」が発生。３月20日には、東京でオウム真理教による「地下鉄サリン事件」が起きた。その３月20日の午後、私は木挽町の歌舞伎座で、『菅原伝授手習鑑（すがわらでんじゅてならいかがみ）』の『道明寺』を観ていた。十五代目片岡仁左衛門襲名披露興行の劇場の外に出ると、街頭テレビは地下鉄での惨劇を伝えていた。だがそのときは事件か事故かがまだ不明で、ＡＢＣテレビは防護服の警官が地下に降りる様子を「ライク・ア・サイエンス・フィクション・フィルム……」と伝えていた。

「ウォーマッド95横浜」は、９月15日、16日に臨港パークと国立大ホールで行なわれた。

15日は、西アフリカ・マリのギタリストのアリ・ファルカ・トゥーレ、カメルーンのフランシス・ベベイ、アリジェリアのハミッド・バルーディ、日本と南米アーティストによるジャジコらで、会場は臨港パークで行なわれた。ここには韓国のシャーマン音楽というべきキム・ソクチュルも出た。
16日の国立大ホールのメインは、当時大人気だった宮沢和史のザ・ブーム。場内は大喝采だった。普段はワールド・ミュージックには無関係のカラオケおじさんさんたちも客席を埋めていたのが、今は懐かしい。ザ・ブームの宮沢を真似て、頭にネクタイで鉢巻を巻いて宴会で歌う連中が沢山いた時代だった。沖縄戦終結してから50年目の年でもあり、沖縄音階を取り入れたザ・ブームのの音楽は広く支持されていた。彼らの前の舞台に、マリのギタリストのアリ・ファルカ・トゥーレや、キム・ソクチュルも出た。

この年の10月21日、中村とうようさんお気に入りのジャマイカ系のイギリスの女性歌手、リンダ・ルイスのライブで、私は、久しぶりにとうようさんと渋谷のオン・エアで会い、今年の事務局の様子を話した。すると「そんなに無理して、もうやることはないよ」と断言されてしまった。本当にその通りだった。１９９０年、ヌスラットが五反田の簡保ホール（東京簡易保険会館）で公演をしたとき、中村とうようさんは予言したことがある。「ジャズでもレゲエでも、そしてワールド・ミュージックでも最初は、非常に温かくて観客がいいのだが、だんだんメジャーになるに連れて、バカ騒ぎなどする連中が出てきてひどくなる。日本の音楽のブームは、そうしたことの繰り返しなのは悲しいよね」。その通りと言うしかないのは残念なことだ。

第６回目　どの企画が有効だったか？「みなとみらい夏祭り」

１９９６年は「みなとみらい夏祭り」として８月２日から４日に行なわれた。

出演は、フィリピンの女性歌手グレース・ノノ、タンザニアのレミー・オンガーラ、チベットの「歌の女神」と言われたユンチェン・ラモー、ケルトの吟遊詩人、イアラ・オリナード＆ジェウムズ・マクナリーらで、この年に竣工した横浜銀行本店ビルの「はまぎんホール」、ランドマークタワー前の「ドックヤード・ガーデン」などで行なわれた。この年も大変に寒くて、特にドックヤードのコンサートは大変にきびしかった。さらに、チベットのユンチェンは、ほとんどニューエイジ・ミュージックで、私もこれには参った。

主催は「みなとみらい夏祭り実行委員会（横浜市／横浜商工会議所／（株）横浜みなとみらい21、など）」。実際は、（株）横浜みなとみらい21で、田村たちは直接には関わっておらず、私も、「もうこれでウォーマッドも終わりだな」と思ったものだ。

ここには、みなとみらい地区全体に、ウォーマッドを祭として広げようとする意図はあったが、十分に出来たとは言えなかった。１９８９年の横浜博覧会の時に作られた横浜市の広報展示用の「横浜館」を使っての、縁日、テレビ・アニメやヒーロー番組の放映などのイベントもあり、最後にはダンス・ワークショップの参加者で、みなとみらいエリア内をパレードさせるなどのイベントも行なわれた。

だが、どれも有効にできたとは言えなかったようだ。本来、祭りをある地域に定着させるには相応な時間と十分な仕掛けが必要なもので、簡単に地域に広げられるものではない。この時のパレードを、私は見ていないが、きちんとできていれば、後年に続くものとなったはずで、残念なことであった。『ミュージック・マガジン』同年10月号の蒲田耕二さんのレビューでは、天気の悪さと雨のことが書かれていて、やはりフェスティバルは暑さの中でのものだろう。

この頃、富士五湖の「マウント・フジ・ジャズ・フェスティバル」が横浜に移転してくるとの噂が流れていたが、噂で終わった。また私は、8月末に田村たちが山梨県の白州町でやっていた「アートキャンプ白州」に行き、マルセ太郎の語り芸、ソウル・フラワー・ユニオンのライブ、田中泯と舞塾の公演『オズの魔法使い』などを見た。

地域に根差してやっているイベントをうらやましく感じたものだ。

この頃横浜では、2008年のオリンピック誘致に向けて、すでに開催都市に立候補していた大阪市に対抗して横浜市も立候補しようという高秀秀信市長の方針が急遽決まり、当時、横浜コンベンション・ビューローにいた私は、誘致のための「桃太郎旗」を企業からの補助金で作り市内各所に掲げるという相当にバカバカしい仕事をしていた。

当然にも大阪市に国内候補として負けた。最後に大阪市は、北京市に負けた。

「みなとみらい夏祭り」のフライヤー

富山県南砺市の「スキヤキ・ミーツ・ザ・ワールド」へ

「スキヤキ・ミーツ・ザ・ワールド」は、１９９１年夏から富山県南砺市の福野文化創造センターヘリオス（ＨｅＬｉｏｓ）を主な会場にして行なわれているワールド・ミュージックのフェスティバルである。私は、２０１３年の夏に初めて行き、土曜日の夕方に行なわれているパレードを見て感動したと冒頭に書いた。というのも１９８９年8月にイギリスのセント・オーステルでの「ウォーマッド」に行ったとき、期間中、会場の隅で子供たちがワークショップで、衣装や仮面を作っていた。そして、最終日の夕方、みな仮面と衣装を身につけてパレードをし、大いに盛り上がっていたからだ。そのとき、田村と私は「これは絶対に横浜でもやりたいね」と話した。

事実、１９９１年と１９９２年の「ウォーマッド横浜」には、イギリスからの参加メンバーにワークショップ・アーティストというのが来ていた。細かくは憶えていないが、臨港パークの隅で細々と子供相手に絵を描き、仮面と衣装を作っていて、土曜日の夕方にほんの少しだけ行進を試みた。だが、20人くらいで盛り上がらず全くだめだった。「ウォーマッド横浜」で、だめだったことがなぜ「スキヤキ」ではできているのか、私は、この間ずっと考えてきた。

２０１６年10月に、私は南砺市のヘリオスに行き、実行委員会委員長（当時）の橋本正俊さん、担当の河合さん、フランス人で南砺市職員のニコラさんから、このフェスティバルの由来などについて話を聞いた。

１９９１年3月に福野にヘリオスはオープンした。33億円で、そこは大・小のホールの他、図書館も含んでいる総合文化施設だった。福野は南砺市の中心だが、周囲の地域に比べてイベントが少なかったので、何かやろうと言うことで、福野のＪＣ（青年会議所）が１９９１年頃に始めたのが最初だとのこと。

今でこそ、福野は南砺市の中心で市庁舎もここにあるが、元は低地の湿地帯で、ほとんどは水田で市街地ではなかったようだ。話は古くなるが、日本全土で米作が始まった縄文時代後期、水田は山から川が平野に流れ出すところ、つまり扇状地に作られた。なぜなら後のように広い平原や湿地帯に水田を作るには、大規模な土木工事が必要だが、扇状地なら比較的容易に水田ができたからだ。だから、この砺波地方でも最初に開けたのは、白山の縁のエリアの城端、庄川などの、今では富山湾の海岸から遠く離れた場所だった。それが、次第に領主など強い権力を持った支配者の指揮の下で大規模な土木工事ができて、干拓や埋立で平地ができるようになる。低地の湿原地帯だった福野にも水田ができ、さらに市街地になったという経緯がある。戦時中に偶然発見されて、戦後の発掘で全国に考古学ブームを起こした静岡市の登呂遺跡も、安倍川の低地に作られた弥生時代後期の水田等の遺跡だが、ここも調査では2回洪水被害にあっているとのこと。河川の下流に水田を作るには、それに対応した治水対策が必要だったことを示している。また、コシヒカリで有名な新潟の魚沼地域も、元は魚沼川の湿原で、江戸時代からの長年の干拓事業でやっと優れた米作地帯になったのである。

事実、城端線の終点の城端町には、15世紀に建立された浄土真宗の善徳寺があり、ここの城端祭では、京都祇園祭のように立派な山車が出て、その山車を展示する展示館「曳山会館」もある歴史のある町である。東京の歌舞伎座の緞帳調製で有名な川島織物は、現在は京都の会社だが、元はこの城端だった。また、火薬の原材料の硝石もこの地の特産で、加賀前田藩に納められていたとのこと。京都で食されるお米は、江戸時代はこの越中産のものだった。この地の料理が美味しいのは、京に物を売りに行って大金を得た商人が、地元城端でも京風の料理を作らせたからだという。因みにＪＲ西日本の城端線が（１８９７年に中越鉄道により建設された）建設されたときは、現在の終点の城端ではなく、そこから白山を遡上し、白川郷に近い利賀まで延伸させる計画だったそうだ。民間レベルで、このように長大な鉄道を敷設しようとしたのは今から考えると信じがたいが、富山の越中地方は江戸時代の後期は、米の生産と薬の商売で大きな富が蓄積されていた。明治になると、そうした豪商は、富山のみならず全国の民営鉄道の建設に投資した。地元の中越鉄道はもとより、現在はＪＲの旧国鉄鹿児島本線となる九州鉄道、関西の大阪鉄道、果ては成田鉄道などへも投資したというのだから、その富は大したものだった。この鉄道輸送は、自分たちの本業の売薬にも大変に好都合で、徒歩と大八車で運んでいた売薬を鉄道で簡便に運搬できるというメリットもあったからだ。

庄川用水合口ダム近くの旧井波町（いなみまち）には、やはり15世紀に建立された瑞泉寺があり、ここの井波彫刻の美術館も有名であるなど、現在よりも白山山脈に近いところに集落、寺院、商店があり、低地の福野には賑わいはなかった。城端線で福野から駅で二つ隣りの福光（ふくみつ）には、江戸時代からの温泉街があり、隠れた湯治場として高岡城の武士や豪商らが密かに通ってきたとの話もあり、今も福光には古い温泉旅館の通りがある。さらに、意外なことにこの砺波平野には、古くから鉄道（蒸気機関車）が引かれており、１９３４年の庄川ダムの建設時には、この鉄道でダムの建設資材を運搬したとのこと。道路も貨物トラックも未発達の当時、レールさえ引いてしまえば、蒸気機関車による貨車輸送は大変に便利だったわけだ。だからつい最近まで、かつての鉄道の跡地を引き継いだ地方鉄道の（株）加越能鉄道のバス路線が、砺波平野を縦横に走っていたのだが、北陸新幹線の開通で路線は多くが廃止・統合されたようだ。また富山県は、自家用車の保有率も高く一人1台くらい持っているそうだが、一家の2台目は軽自動車だという。

２０１３年に最初に私が福野に行き、宿泊したホテルで驚いたのは、そこの水道水が大変に美味しいことで、白山からの伏流水なので美味しいのも当然なのだろう。総じて、この富山などの日本海側を、われわれ太平洋側の人間は、最近までつい「裏日本」などと言っていたが、その実は非常に豊かな地域だったのだ。

2014年だが、土曜の午前中に加越能バスで庄川ダムに行き、終点に着いた。折返して戻るまで、約30分くらい時間があったので、バスの運転手と話をした。20代後半の若い運転手は、もともとは岡山生まれで、結婚して妻の実家の高岡に来てバスの運転手として就職した。「ここは非常に暮らしやすいのだが、刺激が少ないので、3カ月毎くらいに神戸に遊びに行っている」とのことだった。私のような首都圏に生まれ住んでいる者には、高岡ののんびりした町は非常によいと思うのだが、若者は違うのだろう。

北陸新幹線が出来て、停車駅の新高岡駅近くには、大型のショッピングセンターのイオンモールも出来て、若者の遊びのメッカになりつつあるらしい。ある年の午後、富山市にできた県立新美術館で、日本のシュルレアリストの開祖で、この地出身の瀧口修造の展示会（彼は戦前は東宝にいて、映画の編集者の開祖でもあるのだが、その関係の展示がなかったのが残念だった）を見た帰り、城端線で福野に戻った。その車内で、新高岡駅から乗った数人の女子高生が突然に大声で騒ぎはじめた。何かと思って見ると、蛾が飛び込んでバタバタと飛んでいただけなのだ。この女子高生たちも「シティーガール」で、直に昆虫もろくに見たことのない学生になっていたのだ。それが地方都市の実情なのだと思った。

1991年にスキヤキを始めたのには、当時の市長の思い、「福野には、城端や井波などの他の地域に比べ歴史が浅いので伝統的な行事が少ない。若者になにかを与えてやろう」との思いがあったとのことだ。河合氏らは、当時の人たちへの感謝を口にしていたが、本心だと思う。

私見「スキヤキ」に登場したミュージシャンたち

１９９１年8月30日、東アフリカ内陸にある人口約１０００万の小国、ブルンジの、ザ・ドラマーズ・オブ・ブルンジの公演が、ヘリオスで行なわれた。これが「スキヤキ・ミーツ・ザ・ワールド」の始まりである。その他に、地元福野の太鼓やドラム・ワークショップ、アフリカの民族・文化展、料理講習会なども行なわれた。

１９９２年は、カリブ海のアンティル諸島の南部のトリニダッド&ドバゴのザ・レゲネイズ・スティール・ドラム・オーケストラらの出演で、やはり8月末の金・土・日に開催された。

１９９３年は、西アフリカのセネガルのドゥ・ドゥ・ニジャエローズ・パーカッション・オーケストラがメインで、ザ・レネゲイズも2度目として出た。彼らは１９９５年も出て、大変に好評だったので、ドラム・セットを実行委員会が３００万円で購入し、地元のバンド「Sukiyaki Steel Orchestra」を編成し訓練して、ついには毎年出場するまでになる（私はブルンジ・ドラムも、スチール・ドラムのオーケストラも福野ではなく東京で見ている。こうしたフェスティバルは、実際にその地で見ていないことについて、なにかを語っても本当は意味はないのだが、スキヤキの軌跡を辿る意味で、一応以後の出演者などについても書く）。

日本のバブル景気は１９９０年の年末に完全に弾けており、全国で多くのイベント等への助成が停止され、「ウォーマッド横浜」でも3回目の1993年はきわめて不十分にしか開催できなかった。それに比べ、スキヤキは例年開催され続けたたのは、特筆に値する。

1994年は、セネガルのドゥドゥ・ニジャエ・ローズ。インドネシアの打楽器グループのスアール・アグンらも出た。

1995年は、南アフリカの強力なコーラスを聴かせるマハラティーニ&ザ・マホテラ・クィーンズらが出演。このグループは、日本でもCDも出され相当に注目された。

1996年は、チンバラーダ(ブラジル)と、南アフリカのレディスミス・ブラック・マンバーゾたちが出た。この時期は「スキヤキ」も、バブル崩壊で一番苦しかったと思う。「ウォーマッド横浜」は、ここで終焉してしまったのだから。

1997年は、インド~スペインのグループのジタンなどが出演。特筆すべきは、福野小(南砺市立福野小学校)のスティール・ドラム・バンドが始められたことで、これは2年後に正式にステージに出演することになる。2015年のことだが、福野近くの居酒屋で飲んでいて『スキヤキ』を見に来た」というと、その店の女将さんは元は福野市の観光課の職員、最初のスティール・バンドのメンバーの一人で、今は子供が跡を継いでいるとのことだった。「この祭は世代から世代へと継承されていくのだなあ」と非常に羨ましく思ったものだ。

スティール・バンドについては、個人的には私は特に興味がないが、2019年室内の「円形劇場ヘリオス」で聴いたときは、坂本龍一の「戦場のメリークリスマス」やイタリアの「ヴォラーレ」をレパートリーに取り入れていて、これは非常に良かった。いつもの彼らは、野外会場だったが、この時は室内だったので、細かい表現が分かったのだ。

１９９８年は、ハンガリーのマールタ・シェベスチェーン&ムジカーシュが出演。山梨の白州フェスティバルで見たバンドで、いわゆるロマ（ジプシー）の音楽だった。インドネシアのイワン・ファルスも単独で出た。私は彼を渋谷のクアトロで開催された「スキヤキ東京」で観たがなかなかのギターと歌だった。

１９９９年は、旧コンゴのタンブール・ドゥ・ブラザ（Les Tambours de Brazza）がメイン・アクトで、福野のスキヤキ・スティール・オーケストラ（ＳＳＯ）も出た。ＳＳＯにとってこれが、コンサート・ステージへの初登場だった。

１９９９年で思い出すのは、当時私は、ある区役所の総務課長をやっていた。当時、「コンピュータ２０００年問題」というのが騒がれていて、２０００年1月1日に地球上の総てのコンピュータが誤作動して停まり、大混乱するという噂があった。なぜか、当時の高秀秀信横浜市長は、誰から聞いたのかそれを信じ、「横浜市の全部の区役所、事務所、事業所では12月31日夜は、だれか必ず宿直せよ」との厳命が来た。当時、私の知合いの娘の小学生は、「この日に地球が滅びるの！」との恐怖をいだいたと言うほど世間は大騒ぎだった。

私は、あまりにバカバカしいので、総務課の係長3人に任せて12月31日の夜は、いつもどおり「紅白歌合戦」を観て寝た。元日、昼近くに区役所へ行くと、徹夜で酒盛りをした職員たちがソファーで寝ていて、もちろん何も起きなかった。私の横浜市役所人生で、一番バカバカしかったことの一つだった。当時の高秀秀信横浜市長は、本質的に悪い人ではなく行政的手腕もあったと思うが、言ってみれば小心者で、それが出た事件だったと思っている。

2000年は、当時大人気だったキューバのブエナ・ビスタ・ソシアル・クラブから、イブラヒム・フェレールとルベーン・ゴンサーレス、オマーラ・ポルトゥオンドがやってきて、彼らの映画も上映された。オマーラについては、私も横浜の関内ホールで彼女の公演を見て、たいへんに素晴らしかった。ただ、これを主催したのは、横浜のハマ音(旧労音)で、私もそうだが来場したのは高齢者ばかりで、この団体の衰退と高齢化を強く感じた公演だった。

2001年は、ブラジルだが、北部のアフリカ色の強いカルリーニョス・ブラウンで、バイーアというブラジル北東部の音楽で、それにはカエターノ・ベローゾのような非常に洒落たものもある。だがカルリーニョス・ブラウンは、もっとアフリカ的な原初的な音楽だと思う。この年は、日本の渋さ知らズもア・ミュー広場の特設ステージに出た。こうしたクラブ系バンドの出演も時代だろう。時代に合わせて変化を続けているのも良いことである。

2002年は、マリのロキア・トラオレ、インド・ラジャスタン州のマハラジャ、韓国のプリなどで、アフリカとアジアを中心とした音楽という基本が貫かれていた。

以後の各年も、個々のアーティスト名は上げないが、アフリカ、アジア、ラテン・アメリカの面々がステージやクラブ、広場でパフォーマンスを披露していった。中では、２００３年に朝崎郁恵（奄美大島）、２００４年に大島保克（沖縄・八重山歌謡）、２００５年に上々颱風と、沖縄と、沖縄音楽に影響を受けたアーティストが出ているのは注目される。こうした南島の音楽しか、日本のポピュラー音楽で世界的に通じるものは存在しないのだろうかと思う。


そして、２０１３年に初めて私は「スキヤキ」に行った（8月23日～25日）。２０１２年まで市退職後も、家の事情で再雇用という制度で働いていた私は、同年8月末に3日間休暇を取るのは難しくて行けなかったのだ。当時は、まだ北陸新幹線ができていなかったので、越後湯沢まで上越新幹線で行き、上越線で直江津（なおえつ）に出た。車内には、佐渡島での鼓童のイベント「アース・セレブレーション」を見に行くんだという若い男女もいたが、彼らはイベントが主目的ではなく、夏休みの故郷帰りの旅行とのことで、「こういうイベントの使い方もあるのか」と思ったものだ。

直江津から、北陸本線では、筒石駅と親不知駅（共に、現えちごトキめき鉄道）を通ったが、両駅が相当に離れた位置にあり、今井正監督の１９６４年の東映映画『越後つついし親不知』と実際は違うことを初めて知った。

「米騒動」で有名な魚津などを通ってやっとJR高岡駅に着く。ここからは、JR西日本の城端線に乗り換え、福野駅に行くと着いたのは初日の金曜日夕方だった。翌日の土曜日、午前中は大きなイベントがないので、城端に行ったのち、氷見線（ひみせん）で氷見海岸に行き、高岡から城端線で戻って福野駅から出ると午後4時頃だった。

植物園フローラル・パークでの野外コンサート会場までの道のりでやっているのが、スキヤキ・パレードだった。アフリカン・パーカッションと韓国のサムルノリが先頭だが、女子高生のブラスバンド、子供会の山車、婦人会手踊りまでが混成されたパレードで、私は本心で感動した。「ウォーマッド横浜」で、意図してできなかったのが、こうした「普通の人」を巻き込んだイベントだったからだ。ただこれは「スキヤキ」でも最初からやっていたことではなく、実行委員会の橋本さんの話では、10回目というから2000年頃から始められたようだ。橋本さんも、最初はボランティアとしてフェスティバルに参加していたが、この3回目から実行委員会のメンバーになったとのこと。

こうした催しには、最初は興味本位程度の顔出しだったが、次第にのめり込み、ついには主催側になったという人がよくいる。そうした人をどのように多く出すかで、そのイベントの発展は決まると思う。

「なにか面白そうなことをやっているぞ」と聞いて、多くの人が集まってくるのが正しいイベントなのである。それは、私が高校・大学時代に演劇や政治活動をやっていたときに、いつも感じたことでもあった。

なんでも良いが、一つの運動には、必ずピークがある。やっている側は、ここが決戦とし宣伝し組織化して、その成果として「大衆」が動員されてできたと思い込んでいる。だが、そうではなく、大衆である普通の人々は、この辺が一番面白いだろうと予測し、勝手に集まってきて、その運動、イベントは盛り上がるのだ。非常に不思議なのだが、大衆はどこかでその匂いを嗅ぎ分けているのである。

私は、大学時代、学生劇団にいた。12月の本公演に向けて、最初は夏休み中に、劇団の中心メンバー数人が新宿の喫茶店などに集まって、議論して演目を決める。ちょうど、夏の全国高校野球大会の頃で、皆その日の試合を途中まで見て、集まってくる。夏休み中の議論が終わって演目が決まり、主なスタッフ、キャストを決定した頃には、数十人になる。それが本読み、稽古をする間にどんどんと参加者が増えて行き、早稲田だけではなく、他大学等からも来て、最後の公演直前には１００人くらいになり、全然知らない連中もいて、「あいつは、どこの大学の、誰々だ……」となり、公演は盛上がって実施される。だが、終わってみれば元の数人のメンバーに戻る。これが当時の学生劇団の1年のサイクルだった。

現在、日本の前衛的な演劇や舞踏、音楽のプロデューサーの一人に斎藤朋君がいる。彼は山形の高校時代に全国演劇コンクールで入賞し、本格的に芝居をしようと東京に出てきた。だが、すでに小劇場・アングラ演劇の最盛期は過ぎていて、舞踏方面に行くことにする。ある年、舞踊家の田中泯が、山梨県白州町の「白州フェスティバル」をやるというので最初からフェスティバルのボランティアになり、さらに実行委員会のメンバーになり、そして中心メンバーに。ついには事務局長にまでなったという。要は、面白いと思った人、やりたいと思った者がやるのがイベントで、日本のように行政が中心となってことを起こすというのは、本来は「邪道」なのだと私は思う。

2013年の、ヘリオス（円形劇場）でのライブは、まずエチオピア／フランスのグループ、ユーカンダンツだった。なによりも驚くのは、彼らの曲の節回しで、日本の演歌的というか、御詠歌、浪花節的なのだ。

東アフリカのポピュラー音楽がなぜ日本的なのかには、ある興味深い説がある。よく知られているように、かつてのエチオピアの王様ハイラ・シラシエ皇帝は、大の日本びいきだった。公的訪日の他にも、しばしば密かに日本に来て、特に関西のキャバレーに行幸され、そこのバンドの音楽がいたく気にいられた。そこで、エチオピアの国立バンドの音楽家たちを日本に留学させ、キャバレー音楽を学ばせたので、エチオピアの大衆音楽は、日本的なのだとのことだ。本当か？と思うが、その節回しの日本的なことに聴くと本当に思えてくる。

もう一つの仮説は、浪花節の原型の一つである「説経節」のことだ。言うまでもなく、仏教説話を基とする説経節などから日本の浪花節はできた。仏教の基は、言うまでもなくインドで、日本への伝導とは反対方向に、インド西海岸からインド洋を渡ってエチオピアにも行った語り物や音楽があったのではないかとも思えるのだった。

ともかく、ユーカンダンツのパワーと体技は圧倒的で、２０２２年10月に亡くなったロックの創始者の一人、ジェリー・リー・ルイスを思わせた。バックは、フランス人のバンドで、１９８０年代のポスト・パンクのザ・スペシャルズやザ・マッドネスを思い起こさせた。

この年のメインは、ジンバブエの大スターのオリヴァー・ムトゥクジ（＆ザ・ブラック・スピリッツ）だった。ジンバブエは、かつてはローデシアといい、ケープ植民地首相だったセシル・ローズが自分の名を国名にしてしまったという歴史を持つ。イギリスの植民地支配と１９６５年の独立後も白人政権支配が続いたが、１９８０年から黒人政権の国（ジンバブエ共和国）となっていたが、ロバート・ムベカ政権の下で、インフレが続く状況となっている（２０１７年、辞任）。ジンバブエ出身のミュージシャンには「チムレンガ・ミュージック」のトーマス・マプフーモがいて、１９８０年代には日本でもＣＤが出されていた。

これに対してムクトゥジの編成は、彼自身のギターと歌の他、ドラム、パーカッション、サイド・ギターに二人の女性を入れたもので、非常にカッコ良かった。二人の背の高い女性も大変にセクシーな振付けだった。彼らの音楽は、基本的にアフリカで最初に生まれたポピュラー音楽であるパームワイン・ミュージックと言われるもので、１９６０年代的ロック用語で言えば「レイド・バック」した心地良いものだった。西アフリカのシエラレオーネで１９３０年代に生まれた音楽で、ラテン、特にキューバ音楽の逆輸入的なものである。少し前に、西アフリカの旧ザイール（現コンゴ民主共和国）系のポピュラー音楽を「リンガラ・ミュージック」と日本では呼んだ時期があるが、現地では「ザイレーアン・ルンバ」などと言うように、キューバ音楽の逆輸入の影響が強いものである。

２０１４年のメインの、旧ザイールのジュピター&オクウェス・インターナショナルは、植物園フローラルの野外会場でしか見なかったが、リンガラ的ではなく、いわば「イケイケ的」だったのは会場のせいなのか不明だった。また、映画『JUPITER's Dance』も上映され、現地での障がい者や町の様子が垣間見られて大変に興味深かった。これには日本にも来た身体がい者のバンドのスタッフ・ベンダ・ビリリも出ていて優れたドキュメンタリー映画だった。

２０１５年は、セネガルのシェイク・ロー、ブラジルのチガナ・サンタナのほか、メキシコのクアトロ・ミニマルｗｉｔｈアルトゥーロ・ロペス・ピオも出たが、これはうまいけれどフュージョン・バンドで、私の好みではなかった。このように、様々なミュージシャンが出るのがフェスティバルであり、そこには自分の好きな者も出るが、肌が合わないミュージシャンも出る。それがフェスティバルの楽しみだとも言え、自分の趣味、好みなどがあらためて分ることもフェスティバルの楽しみの一つと言える。

２０１６年は、ベネズエラの女性歌手セシリア・トッドで、私の感じでは、ブラジルのポピュラー音楽であるＭＰＢ（エム・ペー・ベー）に似た感じだった。アメリカ大陸で、音楽的に大きな影響を与えている国の一つはブラジルである。ブラジルの宗主国はポルトガルだが、実はポルトガルの人口は多くはなかった。ブラジルへの移民は、フランス、スペイン、イタリア、ドイツ等も多く、それは多様な地域、州で独自の文化を作っていて、これにアフリカからの黒人文化が混ざりあう。ブラジルの音楽は非常に多様であり、もちろんサンバやボサ・ノーヴァだけがブラジル音楽ではない。

さらに、日本のサカキマンゴーの親指ピアノのグループも出たが、この親指ピアノ、ムビラは、言うまでもなくアフリカ起源の楽器で、鉄片を木製の箱に付けて、両手の指で弾いて弾く。大きな物から、小さな物まである。欧米や日本では、楽器店で売っていて、そこでは「カリンバ」と名付けられ、私が銀座の楽器店で買ったカリンバの箱の裏には、ヒュー・トレイシーの名が付けられていた。彼はイギリスの音楽学者で、アフリカ各地で現地録音しレコードを作ったが、楽器を自分の名で登録商標している。「パタ・パタ」で有名な南アフリカ出身の女性歌手、ミリアム・マケバは、「アフリカ人の作ったものを盗んだ泥棒だ！」と１９６８年の来日時の中村とうようさんのインタビューで言ったそうだが、ある意味で当っている。

サカキさんは、いろんな人と共演しており、繊細さと躍動感のある音楽は素晴らしい。

２０１７年と２０１８年は、私は都合が悪くて行けなかったが、ここでは会場が、室内のみになり、野外の植物園フローラルでのイベントはなくなりパレードも福野駅からヘリオスだけと縮小されたようだ。おそらく予算の問題からだと思うが、こうした時機を得ての内容の変更の柔軟性も、このイベントが長く続いて来た理由だろう。

２０１９年も、会場はヘリオスだけで、他は周辺の野外の広場だった。広場には、テントのステージでプロ・アマの様々なバンドのライブが行なわれ、全体に売店が配置され、民族衣装や小物、カレーから焼きソバ、ケバブにいたるエスニック料理店が出ていた、まさしくお祭り空間を作っていた。

最初の、スキヤキ・スティール・オーケストラ（ＳＳＯ）のステージは先ほどに触れたとおりだ。

タイのザ・パラダイス・バンコク・モーラム・インターナショナル・バンド。モーラムというのは、タイの伝統的な語り物で、日本では１９９２年の「東南アジア祭」以来だと思う。１９９２年の時は、男女の掛合いの歌で、日本で言えば、河内音頭のようなものだったが、ここでは歌はなし。タイの民族楽器、雅楽の笙に似た横笛のケーンに、ギター２本にドラム、そしてＤＪの構成。モーラムを聴くと、いつもその笛の響はどこか音程が外れているのではないかと思うが、ここでは完全なダンス音楽だった。リード・ギターの若い男は、「バカ・テク」の弾き手で、汗だくで演奏したが、私はケーンの叔父さんの笛をもっと聴きたかった。

３番目はイスラエルのバンドで、昔イスラエルのバンドのＣＤを聴いたことがあり、完全にジャズだったが、ボーカルのキリ・ヤロは、イスラエル在住だが、エビオピア人とのことで、節回しはやはり日本の演歌的だったのが面白かった。

そして、２０２０年は、新型コロナウイルスのまん延拡大により、ライブはなく配信だけになった。２０２１年は、ライブと配信で行なわれたのは、やはりすごいことだと思える。

こうした粘り強さは、関西人のものと言うべきだろうか。高岡、福野、城端は関西文化圏であると私は思う。例えば日本映画界には、京都に松竹京都撮影所がある。

ここは、場所や会社はいろいろと変わっているが、現在も京都の太秦（うずまさ）に現存している。一方、松竹では大船撮影所が有名で、１９３７年以来、小津安二郎、木下恵介、吉村公三郎、渋谷実、さらに大島渚、篠田正浩、吉田喜重、そして山田洋次監督らが多数の名作を作って来た。だがここは、２０００年６月に閉鎖されている。松竹京都撮影所は、戦前から大船に比べてやや格下の撮影所とされていて、１９６５年には一時完全に閉鎖された。監督の森崎東や貞永方久（さだながまさひさ）のような一部のスタッフは大船に移籍した。だが京都の撮影所は、その後はテレビドラマの「必殺シリーズ」、「剣客商売シリーズ」、「御家人斬九郎シリーズ」などを製作し、スタジオとスタッフを守ってきた。その結果、今では時代劇ができる国内唯一の撮影所として生き残っている。まさに関西人の粘り強さ、仕事ならなんでもやるという割り切りのたまものだと私は思う。

日本映画には、今や絶滅危惧種と言われる「ピンク映画」というジャンルがあり、これは１９６２年の新東宝の倒産の結果できたものだと一般には言われている。だが、同時に松竹京都撮影所出身の監督たちも何人かいて、福田晴一、倉橋良介などは、松竹京都で多数の娯楽映画や時代劇を作っていた人たちなのだ。福田は、伴淳三郎の『二等兵物語シリーズ』と高田浩吉の『伝七捕物帖シリーズ』という、松竹京都撮影所の二大人気スターの伴淳と高田浩吉の主演映画を撮ってきた監督なのだ。だが、製作本数縮小の中で、「映画を作れるなら、ピンクでも、テレビでもなんでも良い」と言った心持ちがあったのでは、と私は推測しているのだが。

また東映京都でも、中村錦之助の大ヒット映画『笛吹童子』を監督した萩原遼、あるいは多数の時代劇を監督した深田金之助もピンク映画を撮っている。彼らにも同様な想いがあったのだろうか。

「スキヤキ・ミーツ・ザ・ワールド」は、東京、名古屋、沖縄などでも、その年のメインのメンバーをセレクトしてライブを行なって公演しているのも、優れた工夫と評価できると私は思う。

総括　「ウォーマッド横浜」はなぜ続かなかったのか

結論としていえば、前衛性志向と、地元への根拠がなかったことだと思う。

田村光男は、前衛舞踊の田中泯を20代から国内・外でプロデュースしていたことに見られるような前衛指向があり、中村とうようさんには、音楽評論家として絶えず新しく面白い音楽を紹介することが自分の使命だという強い意識があったと思う。

また、私は生まれも育ちも東京で、中学・高校・大学では、横浜との繋がりがまったくなかった。2000年頃のことだが、横浜であるイベントをやって来た人の話を聞く機会があった。そこでは常々「横浜市役所の他、多くの横浜の民間企業が参加・協力していて凄いなあ」と私は思っていた。その会で知ったのは、市役所で中心だった人は、市内の某私立高校の卒業生で、そこには民間企業の同級生も多数いたので、彼らに協力してもらっていたのだ。私は横浜には就職後に知合った人しかいなかった。

これでは、横浜市という地元に地盤はできなかったわけだ。

こうした前衛指向と地元への繋がりの不在が「ウォーマッド横浜」を1991年から1996年で終わらせることになったのだと、私は今は考え反省している。

さらにパシフィコ横浜でのイベントという規模の問題もあったと思う。各年での入場者は、特に発表されていないので不明だが、1991年と1992年は、数万人だったと思う。1994は、5000人の国立大ホールが満員になり、野外もあったので、総じて1万人弱だったと思う。パシフィコ横浜は周囲の建物も皆大きいので、相当に人数を入れないと恰好がつかないのである。例えば3回目の1993年は、パシフィコ横浜の中心の円形のプラザでやって1000人くらいは来たと思うが、このプラザも直径200メートルもある大きさなのだ。1000人程度ではパラパラとしか人がいないような情景となり、会場に見合った規模の催しを企画する必要がある。当然、予算、規模が膨らむので制作・演出の田村光男の苦労が忍ばれるところだ。

その意味では、1995年にやったパレードもそうだが、1981年から1998年にかけて横浜スタジアムなどで行なわれた「YOKOHAMA HIGH SCHOOL HOT WAVE FESTIVAL（通称、ホットウェーブ）」との連携もありえたのではないかと思うのだ。別に、正規のプログラムに入れなくても良い、前夜祭的に、パシフィコ横浜周辺のどこかの場所で高校生バンドを出す手もあったのではなかったかと今は思っている。

ただ私は、この種のイベントは、継続することが良いと思ってはいない。

伝統的な祭とは違うのだから、時代や社会の変化で生まれ育ち、終わって良いのだとも思う。

一般的に言って、ある音楽、演劇、映画、舞踊等の大衆文化は、ある時代に新しく生まれた社会、階層、都市によってできる。そして、その世代が成長して発展するが、いずれ老齢化して衰える。次の世代に継承、変化しなければ終わる。それが大衆文化というものである。ジャズ、シャンソン、タンゴ、ハワイアン、みなそうである。日本の演歌も、1960年代中頃に高度成長期に日本の地方から都会に出てきた若者たちによって、それまで最大の人気芸能であった浪花節や民謡に代わって生まれたもので、極めて歴史の浅い、新しい日本の芸能のジャンルなのである。

だから「ウォーマッド横浜」が、1991年で始まり1996年で終わったことは時代的な意味があったのだと今では思っている。

それは、変な喩えかもしれないが、新鮮、取れたての魚や野菜の旨さではないかと思う。いくら冷凍・冷蔵技術が発達しても、旬の素材の味には叶うはずはないのだから。

一方、何度も言うようだが「スキヤキ・ミーツ・ザ・ワールド」が30年以上も続いていることには最大限の賛辞を送るものだが。

古代、ある賢者は言った、

「万物は流転する」と。

「スキヤキ・ミーツ・ザ・ワールド」も「ウォーマッド横浜」も、すべては流転の中にいるのだと私は思うのだ。


その後、田村とは、２００８年に横浜で開催された「第5回アフリカ開発会議」のとき、ナイジェリアの作家、エイモス・チュツオーラの幻想小説『やし酒飲み』を劇化し、横浜の高校生ミュージカルとして上演したことがあるのだが、これは別のことなので、ここでは省略する。

出演者リスト 1991年〜1996年

ウォーマッド91横浜

1991年8月30日、31日、9月1日
会場：横浜博覧会跡地
会議センター・メインホール

桜川唯丸&SPIRITUAL UNITY（日本）
トトー・ラ・モンポシーナ（コロンビア）
シェブ・ハレド（アルジェリア）
フラーコ・ヒメネス（アメリカ）
ザ・ポーグス（アイルランド／イギリス）
上々颱風（日本）
りんけんバンド（日本・沖縄）
マルタ・セベスティエーンとムジカス（ハンガリー）
レミー・オンガーラ（タンザニア）
ジェイ・チャンドラン（インド）
ウンミ（イギリス）
シャインヘッド（ジャマイカ／アメリカ）
ユッスー・ンドゥール（セネガル）
デティ・クルニア（インドネシア）
テレム・カルテット（ソ連）
伊藤多喜雄&トライン・タイムズ（日本）
スザンヌ・ヴェガ（アメリカ）
サンディー（日本）
都はるみ（日本）
坂本龍一（日本）
クォ・ユェ（中国）
ポル・ブレナン（アイルランド）
ジョージ・ヒロタ（日本）
林 英哲+坂田 明ユニット（日本）
照屋林助（日本・沖縄）
ロッシー（マダガスカル）
アユブ・オガダ（ケニア）
篠田昌巳と東京チンドン・長谷川宣伝社（日本）

ウォーマッド92横浜

1992年9月5日、6日
会場：展示ホール（現・展示ホール1、2）／
臨港パーク潮入の池

パパ・ウェンバ（ザイール）
ロマ・イラマ&ソネタ・グループ（インドネシア）
S・E・ロージー（シエラレオネ）
ヌスラット・ファテ・アリ・ハーン（パキスタン）
ビブラストーン（日本）
おおたか静流（日本）
ディ・ダナン（アイルランド）
パッツィー・リキッツ&カール・メサード（ジャマイカ）
U．シュリーニヴァース（インド）
ザイナル・アビディン（マレイシア）
ボ・ガンボス（日本）
都はるみ（日本）
シーラ・チャンドラ（イギリス／インド）
河内家菊水丸（日本）
サンディー（日本）

ウォーマッド・コンサートプラザ 〜子供と世界の芸能祭〜

1993年8月21日、22日　会場：プラザ

バブー（台湾）
おおたか静流（日本）
ザヴォセとバガモヨプレイヤーズ（タンザニア）
アユブ・オガダ（ケニア）
ビタシカ（ザイール／マリ／日本）
ヤドランカ（ボスニア・ヘルツェゴビナ）
坂田 明+伊藤妙子ユニット（日本）
アンクルン・ミュージックスタジオ（インドネシア）
S．E．ロジー（シエラレオネ）

ウォーマッド94横浜

1994年8月20日、21日
会場：国立大ホール／臨港パーク潮入の池
ジュスタン・ヴァリ・トリオ（マダガスカル）
アリ・ハッサン・クバーン（エジプト）

ユッスー・ンドゥール&スーパーエトワール（セネガル）
デンボ・コンテ&カウス・クヤテ（ガンビア／セネガル）
ジョイ・アスキュー&ジョー・ボナディオ（アメリカ）
クリシュナムルティ・スリダー（インド）
アデル・サラメ（イギリス／パレスチナ）
若林忠宏（日本）
大島保克（日本・八重山）
キャサリン・ティッケル（イギリス）
ヤドランカ（ボスニア・ヘルツェゴビナ）
ニッツ（オランダ）
ママドゥ・ドゥンビア（マリ）
山口 洋（日本）
マリオ・グアカラン（ベネズエラ）
金剛山歌劇団（在日コリアン）
ディアマンテス（日本・沖縄／ペルー）
ニーニーズ（日本）

ウォーマッド95横浜 〜みなとみらい21フェスティバル〜

1995年9月15日、16日（9月14日前夜祭 ランドマークプラザ）
会場：国立大ホール／マリンロビー／臨港パーク潮入の池

金 石出（韓国）
アリ・ファルカ・トゥーレ（マリ）
ザ・ブーム（日本）
フランシス・ベベ（カメルーン）
矢吹 誠とバンブー・オーケストラ（在仏・日本）
ジャジコ（日本）
ハミッド・バルーディ（アルジェリア）
氷取沢高校ジャズィー・キッズ（日本）
野庭高校吹奏学部（日本）

みなとみらい夏祭り 〜ウォーマッド96横浜〜

1996年8月2日〜4日
会場：ドッグヤードガーデン／はまぎんホール

レミー・オンガーラ（タンザニア）
グレース・ノノ（フィリピン）
ユンチェン・ラモー（チベット）
イアラ・オリナード&ジェイムズ・マクナリー（アイルランド&U.K）
マンディンカ（マリ・ドイツ・日本）

注：公演の前に発表されたリストを元にしています。

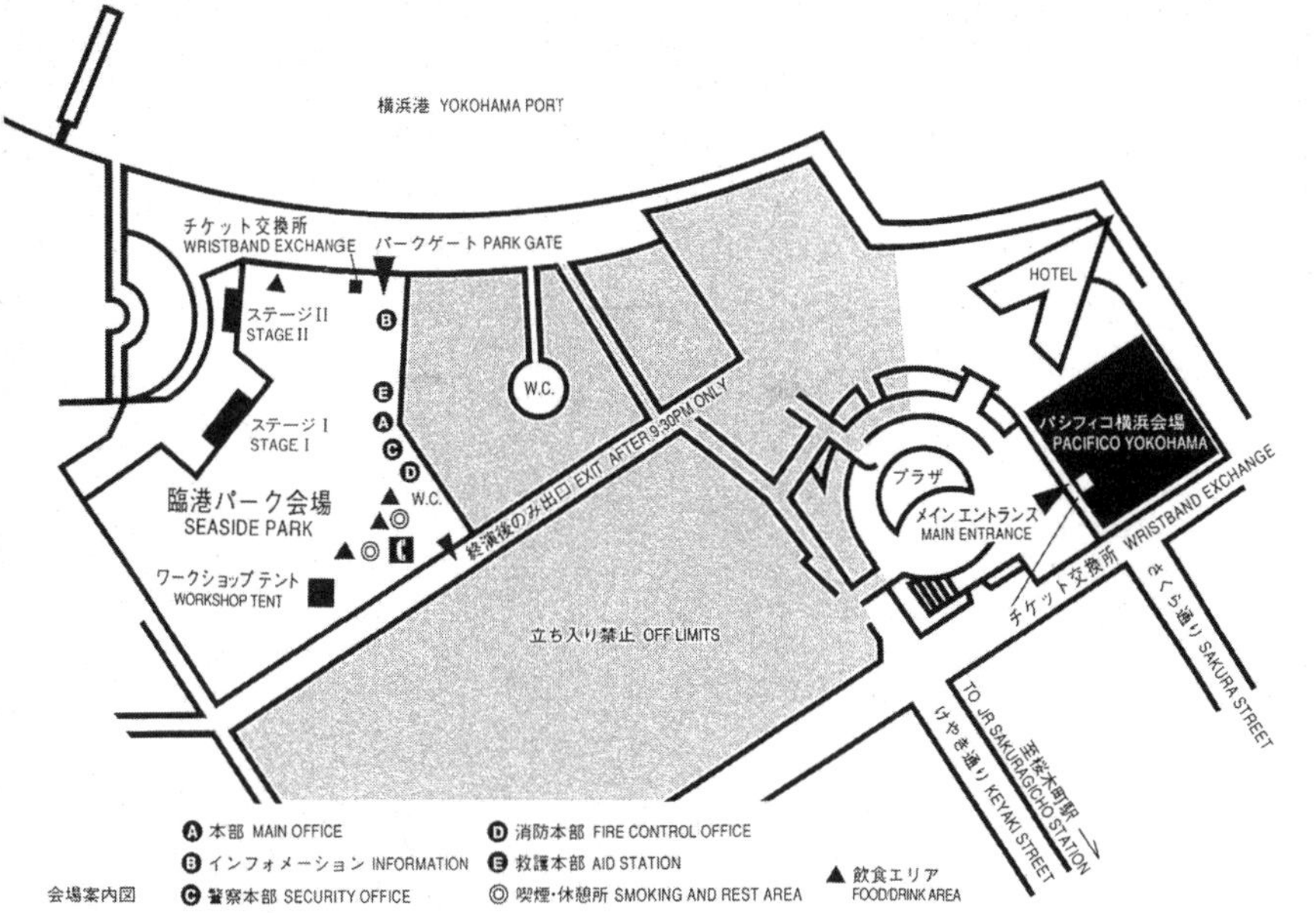

サイト・マップ1991

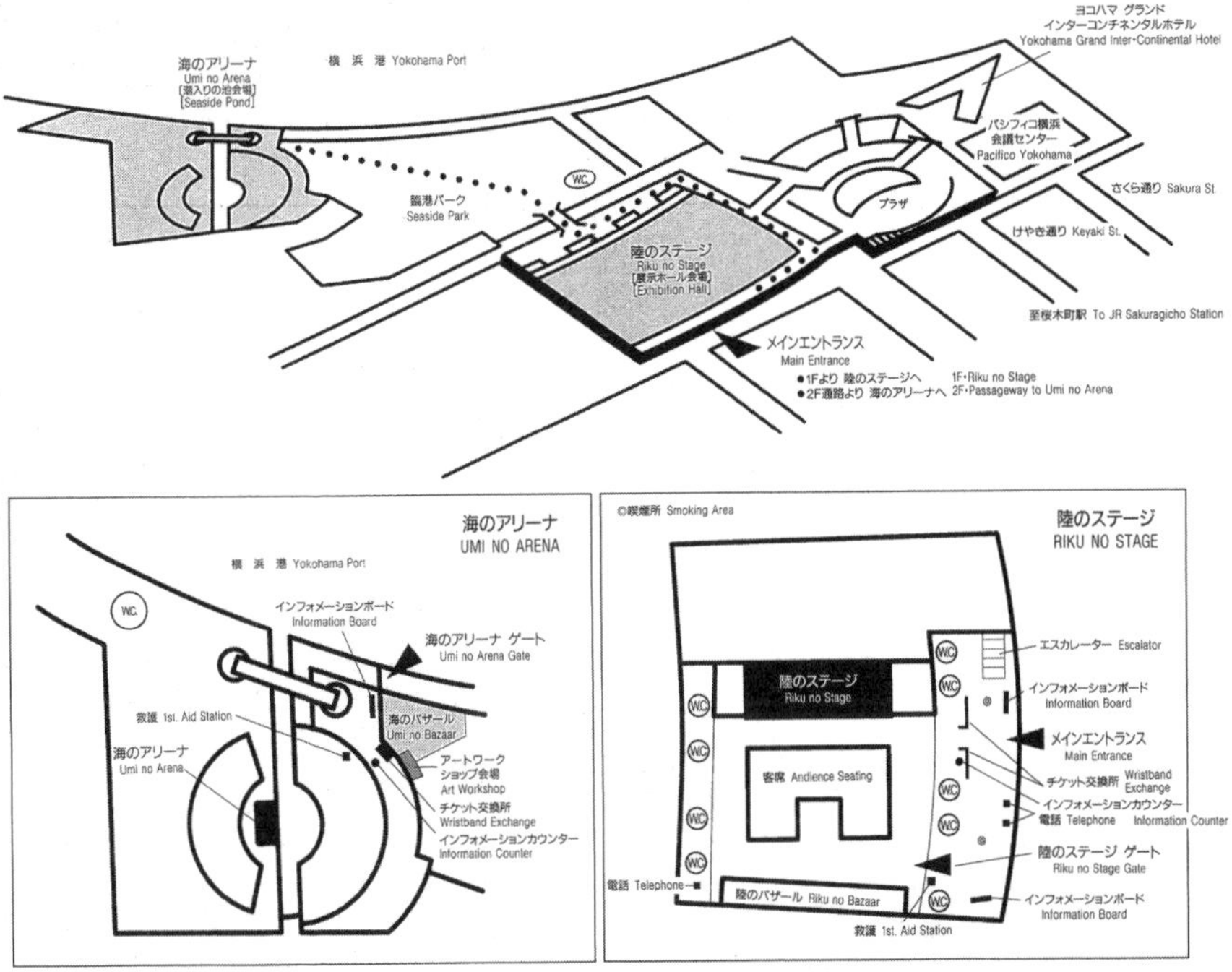

サイト・マップ1992

坂本龍一とユッスー・ンドゥール（菅原光博、1991年）

デティ・クルニア（菅原光博、1991年）

ロマ・イラマ（菅原光博、1992年）

シェブ・ハレド（菅原光博、1991年）

S・E・ロージー（菊地昇、1992年）

河内家菊水丸（菊聰昇、1992年）

レミー・オンガーラ（菅原光博、1991年）

伊藤多喜雄＆トライン・タイムズ（菅原光博、1991年）

桜川唯丸 & SPIRITUAL UNITY（菅原光博、1991年）

嘉手苅林昌（菅原光博、1991年）

会場の盛り上がり（菅原光博、1991年）

ディ・ダナン（石田昌隆、1992年）

ヌスラット・ファテ・アリ・ハーンとその一行（石田昌隆、1992年）

サンディー（石田昌隆、1991年）

第2章

「ウォーマッド横浜」が残したもの

第2回目（1992年）のフライヤー

新時代へのステップは文化相対主義を下敷きに始まった

松村洋（評論家）

1991年夏、ヨーロッパのワールド・ミュージック・ブームを牽引してきた「ウォーマッド」が初めて横浜で開催され、国内外百数十人のミュージシャンが力のこもった演奏を繰り広げた。私は、このフェスの準備に携わる「ウォーマッド91横浜」日本委員会のメンバーだった。指田文夫さんほか8名ほどで構成されたこの委員会に決定権はなかったが、会議にはウォーマッド英国本部の代表も加わり、ミュージシャンの選定をめぐって活発に意見が交わされた。

その議論の中心にいた音楽評論家の中村とうようさん（故人）は「ウォーマッド英国本部のたんなる下請けにはなりたくない。日本でやるからには、日本の主体性を打ち出すべきだ」と考えていた。私も、おそらく他の委員も、それに異存はなかった。そうした流れの中で、たとえばインドネシアからポップ・スンダの歌姫デティ・クルニアに参加してもらってはどうか、といった案が議論された。こんな人選は、英国本部任せではまず実現しなかっただろう。

日本勢では、伊藤多喜雄&トライン・タイムス、桜川唯丸（初代）、りんけんバンドなどを私は推した。とうようさんは、都はるみを強く推奨した。一方、英国側は坂本龍一を絶対に入れるべきだと主張した。最終的に、国内外ともバラエティに富んだ顔ぶれが揃った。

豪華なラインナップ実現には、お金がかかった。ワールド・ミュージック・ブームの高まりとともに、１９８０年代後半以降のバブル景気が「ウォーマッド横浜」にとって追い風となったのは間違いない。バブル期には企業が文化活動に資金を提供する〝メセナ活動〟が流行し、文化イベントは企業の協賛金を得やすかった。だが、バブルがはじけて不況期に入ると「ウォーマッド横浜」は年々規模を縮小し、１９９６年に幕を閉じる。だから、ワールド・ミュージックと「ウォーマッド横浜」は、バブル景気の徒花だったという見方もあるようだ。しかし、どんなブームも早晩収束する。問題は、その後に何が残るか、残らないか、ということだろう。

もともと〝ワールド・ミュージック〟は、音楽学の専門用語だった。１９８０年代前半、英国のインディーズ系レコード会社が販売促進のため主に非西洋圏のポピュラー音楽を指すキャッチワードとしてこの語を使い、そこからブームが始まった。学術用語と販売促進用キャッチワードでは当然、意味も使われ方も違う。だが、ワールド・ミュージックという商業用語は、学術用語から重要なコンセプトを受け継いでいた。文化相対主義と文化構築主義だ。

世界中に広まった西洋音楽を人類が生んだ最高の音楽と見なす西洋音楽至上主義を否定し、世界中のさまざまな音表現にそれぞれの価値と面白さを見出す。そうした文化相対主義は、ワールド・ミュージックのとても重要な要素だった。また、ワールド・ミュージック・ブームの中では、伝統色を帯びた現代的なポピュラー音楽がたくさん紹介された。その根底には、伝統文化を昔から変わらない実体と考える〝本質主義〟を否定し、文化は時代の流れの中で創られ、絶えず変化していくものだと考える〝構築主義〟の考え方があった。「ウォーマッド横浜」に足を運んで世界各地のさまざまな音楽を浴びて楽しんだ音楽ファンたちは、文化相対主義や、現代的に変容した伝統音楽の価値をリクツ抜きで体感したはずだ。ワールド・ミュージック・ブームと「ウォーマッド」は、そうして音楽ファンの視野（聴野）を拡げ、感覚を自由にしてくれた。

もちろん、あちこちの音楽をつまみ食いし、飽きたらポイと捨てるということの繰り返しで、ワールド・ミュージックという商品を消費しただけという人も少なくなかっただろう。また、音楽業界が非西洋圏のミュージシャンを不当に搾取して儲けているという批判もあった。実際、その批判が当たっていた例を、私は知っている。さらに、ワールド・ミュージック・ブームは、日本の音楽ファンの間に、ある種の反発も誘発したと思われる。

たとえば月刊『ミュージック・マガジン』誌や同誌別冊の季刊『ノイズ』などで情報を得て、非西洋圏のポピュラー音楽に熱心に耳を傾けていた音楽ファンには、音楽聴取歴が比較的長い30代以上の年齢層が多かったのではないだろうか。すでに多くの音楽を聴いてきたそんな人たちが、さらに多くの音楽に目と耳を開いていった。

そこで、米英のロックやポップスも知っているが、南アフリカのンバカーンガも、ザンジバル島（タンザニア）のターラブも、インドネシアのクロンチョンも、インドのガザルも聴いているというような人（はい、私です！）に、少し下の年齢層の洋楽ファンは、ある種のエリート意識のようなものを嗅ぎとったのではないか。偉そうなワールド・ミュージック礼賛の中に「私はもうたくさん音楽を聴いてきて耳が肥えている。だから、世界のいろんな音楽の面白さが分かるのだ」という優越感のようなものを感じとって反発したのではないか。だから、ブームが一段落するとともに、その反動として日本の音楽マーケットでは英米ポピュラー音楽への回帰傾向がぐっと強まったように感じられた。「やっぱり、いちばんかっこいいのはイギリスやアメリカの音楽だぞ」という揺り戻し《バックラッシュ》である。

だが、ワールド・ミュージック・ブームから派生した新たな動きも見られた。そのひとつが、沖縄音楽ブームだ。1990年代前半には、りんけんバンド、ネーネーズ（初代）、喜納昌吉&ザ・チャンプルーズの御三家を中心に、東京のJポップとは異なる音、沖縄民謡を土台にした洋楽サウンドが人気を集めた。1970年代半ばに開催された後に途絶えていた「琉球フェスティバル」も1991年に復活し、1990年代半ば以降は毎年開催されるようになった。沖縄音楽は一定のファン層を維持し、日本のポピュラー音楽シーンの一角に定着した。

また、1990年代には香港ポップスの熱心なファン（ほぼ女性）が目立つようになり、21世紀に入ると韓流～Kポップの大きなうねりが起こる。こうしたアジアへのまなざしも、先行したワールド・ミュージック・ブームと無関係ではなかったはずだ。

邦楽にも変化が見られた。伊藤多喜雄は、早い時期から洋楽器とロック・ビートを取り入れた異色の民謡歌手だ。彼のバンドでは、エレクトリック三味線がベースやドラムスとともに躍動した。その後、エレクトリック津軽三味線の人気が若い世代に広まった。ロック・ビートにのった多喜雄の「ソーラン節」は、のちのＹＯＳＡＫＯＩソーランの下地になった。

これらは邦楽と洋楽という従来の二分法から、はみ出す動きだった。こうした〝はみだし〟には、ワールド・ミュージックの考え方が、知らず知らずのうちに影響していたに違いない。だが、ここには洋楽の強固な呪縛もまた見て取れる。「ウォーマッド横浜」に足を運んだ聴衆が耳にしたのは、概して世界各地の伝統的な音楽と洋楽がミックスされた音楽だった。洋楽の要素は、洋楽になじんできた人が非西洋音楽を聴く際に、おおいに助けになった。リスナーは、自分の〝洋楽耳〟を頼りに、聴き慣れない非西洋圏の音楽に入って行けた。私たちは、洋楽に助けられて洋楽ではない世界の音楽へと少し、はみ出していくことができた。

じつは江戸時代には、中国大陸の明や清の音楽も親しまれていた。明治期に入ると、明楽と清楽をまとめて「明清楽」と呼ぶようになった。つまり、明治初期には洋楽、邦楽、明清楽の3本立てで、人びとは明清楽という呼び名でアジアの音楽も意識していたのだが、明治末期には明清楽が忘れられ、洋楽と邦楽の2本立てになる。だが、それからほぼ1世紀後、ワールド・ミュージック・ブームのおかげでアジアの音楽が再発見されることになった。

しかし、そこから先、インド音楽やアラブ音楽などにさらに深く入り込んで行く人は、ほんの一握りだ。洋楽スタイルのＫポップは日本でも不動の地位を得たが、「国楽」と呼ばれる韓国の伝統的な音楽への関心は、それに比べれば微々たるものだ。明治維新以降、約150年間にわたる音楽教育は、私たちの感覚を見事に洋楽化した。私たちが西洋音楽の強力な磁場から抜け出すのは、実際にはほとんど不可能だろうとも思う。

それでも私たちは、はみ出した。洋楽を取り入れても、沖縄の歌がウチナーグチで歌われ、香港ポップスが標準中国語や広東語で歌われ、Kポップが韓国朝鮮語で歌われるかぎり、それらの言葉によって曲のリズムは独自の色彩を帯びる。Kポップのグループが、韓国朝鮮語で歌うのと日本語で歌うのを聴き比べれば、両者のリズム感が違うことは一目（一聴）瞭然だ。

20世紀末には、西洋諸語以外のさまざまな言語の歌がたくさん聞こえてきた。洋楽優位は揺らがないが、それまで知らなかった音楽に接する機会が増え、日本の音楽ファン（の少なくとも一部）は、馴染みがなかった言葉の響きやリズムを以前よりも受け入れ、楽しむようになった。洋楽と邦楽という二分法から、はみ出す。その第一歩を促すきっかけとなったのが、ワールド・ミュージック・ブームであり「ウォーマッド横浜」だったと言えるだろう。

フェスティバルから「フジロック」という「フェス」の時代へ

大谷英之（シンコーミュージック・エンタテイメント）

目的はポーグス（The Pogues）でした。第1回目、1991年の公演です。「ウォーマッド」の名前は知っていましたが、今のようにインターネットが広まる前ですし、告知も充分じゃなかったから、フェスティバルの全体像が分らなかった。だから「ユッスー・ンドゥールが来る、他に誰々も来る」という興味よりも、ロックを聴いてきた者にとっては観たいバンドが出るから「ウォーマッド横浜」へ、そんな動機でしたね。

横浜でのポーグスはすごく覚えていますよ。WOWOWの放送も録画したし。彼らは1988年が初来日で、そのあと90年、そして「ウォーマッド横浜」（ほか）になるんですが、メインのシェイン（Shane MacGowan）が酒の飲み過ぎで体調が最悪だった。他のメンバーの演奏はしっかりしてたんだけど、ヴォーカルがボロボロだからファンが客席から「シェイン、大丈夫か？　死ぬなよ！」なんて声が掛かるほどでした。イギリスの「ウォーマッド」側からすれば、ロックとワールド・ミュージックの橋渡し的な役割を担ってくれるはずの有名なバンドが、最悪の状態で横浜に来たわけです。

ポーグスはスマッシュが招聘したんだけど、二つの主催者の理念が合致したんでしょうね、関東は「ウォーマッド横浜」に出て、地方はスマッシュ主催の公演でした。大阪公演のときには、シェインがバスのステップを踏み外して病院送りになったんですよ。だから大阪はシェイン抜き。その後すぐにシェインの脱退発表となった。他のメンバー6人が（ツアーの責任者である）スマッシュの日高（正博）さんを呼んで、「シェインをクビにしようと思うんだけど」って相談を持ちかけたそうです。ただ日高さんにしてみれば「オレはプロモーターだぜ！」でしょ。立場的にすごく困ったそうです。ライブ・イベントにトラブルは付きものだとは言うけど、「ウォーマッド横浜」もあれだけのアーティストを世界から呼んだんだから、内実は大変だっただろうと思います。

今は「フェス」と呼ばれていますけど、「ウォーマッド横浜」はその「フェス」の先駆けの一つでした。バブル経済が膨れ上がって、崩壊して、という時期ですよね。「フジロック・フェスティバル」はその後の1997年に、天神山（富士天神山スキー場）から始まりました。「フジロック」には一体感がすごくあったんですよ。主催したスマッシュも周囲も、「絶対に成功させる」「フェスを根づかせるんだ」という気持ちです。ぼくようなメディア側にもそれがありました。この年は、当時の一流のロック・バンド系を集めて、とにかく満員になりました。レッチリ（レッド・ホット・チリ・ペッパーズ）とかレイジ・アゲインスト・ザ・マシーンとかが来日するんだから「どうだ！」じゃないですか。富士山の麓で開かれる、まさに本格的なロック・フェスですよ。

でも、台風に襲われて大変なことになりました（二日目の7月27日はキャンセル）。会場や周辺では死者が出てもおかしくないくらいの惨状だったんだから。1回目はコケた……というか、みんなが未成熟でした。どうせ晴れるだろうなんて思ってるから、お客さんもビーサンに短パンで雨具の用意はせいぜいビニールカッパくらい。そこに嵐が来たらどうなるかです。スマッシュは天候の荒れることの少ない7月最終週の土日に設定していたわけです。梅雨が明けた、台風シーズンの前というピンポイントの二日間だったのに、予測がまるで外れてしまった。

2回目は、だから仕切り直しで、いったん東京・豊洲へ移りました（東京ベイサイドスクエア）。その東京で1年やる間に、主催者側が新潟と話を詰めていった。そして3回目から、今までに至る苗場スキー場が会場になるんだけど、日高さんがこだわっていた「郊外で、野外で」というコンセプトが、ようやく観客（参加者）にも浸透してくるわけです。

「フジロック」は年を追うごとに安定しお客さんが入るようになってきて、スマッシュはさらにフトコロ深い企画を組み込んでいきましたね。ワールド系のアーティストもそうだし、DJテントを夜中に作ったり。さらに小さなテントでは、全然知られていない韓国や台湾のロック・バンドをやったり。それって会場が広いからやれるんですよ。目先の利益云々ではなく、こういう懐の深いメンタリティが、「ウォーマッド」と似ているのかもしれません。

日本の音楽フェスティバルは以前からありました。古くは「箱根アフロディーテ」（1971年、第1章参照）だったり、例えば1984年の「スーパーロック'84 インジャパン」は旧西武球場で、ボン・ジョヴィやザ・マイケル・シェンカー・グループとかが、ずらっと出たライブがありました。そういうのを当時のファンはフェスティバルだと思ってた。「カウトダン・ライブ」という言い方もありましたね。大きな場所でたくさんのバンドが観れた。

ただぼくら音楽雑誌などが、「グラストンベリー・フェスティバル」（前身は1970年から）や「レディング・フェスティバル」（1971年から）といった、多様な企画で大掛かりなイベントがイギリスにあることを報せるようになって、日本の音楽ファンの意識も変ってきた。しかも場所は球場とかじゃなくて、「フジロック」のように郊外で、野外で、テント張ったりして、オールナイトで、しかも木曜日の前夜祭からオールナイトで騒げますよ、という。そうかこれが（日本語的にいう）「フェス」なんだと。

企画として「ウォーマッド横浜」は「フジロック」のような「フェス」の手前にあったものじゃないですか？　あと、さらに共通点となると「ごはん」ですね。焼きそば、たこ焼き……そんな定番じゃなくて、タイ・ラーメンとかベトナム料理とかワールド色を出そうというコダワリが「フジロック」では1回目からあった。「ウォーマッド横浜」も、音楽だけじゃなくてその他の文化にも気を配った企画だったと思います。

（談）

激動の1991年を体験した、一人のミュージシャンとして

佐原一哉（ミュージシャン、プロデューサー）

1991年という年は個人的にも激動の1年だった。まずこの年は1月17日の湾岸戦争勃発で始まった。私はその1か月半前の1990年12月2日にアントニオ猪木氏の呼びかけで河内家菊水丸とともに日本人人質救出のためバクダッドでの「平和の祭典」に出演したが、その演奏会場も米軍によって翌年すぐに破壊された。あたかも戦争ゲームのような米軍機からの爆撃映像を観てすぐに「黒い雨」という曲が出来た。

同じく1991年初頭からネーネーズのデビュー・アルバム『IKAWU』のトラックダウンにとりかかっていたが、沖縄のスタジオが再三のトラブルで使えなくなり急遽、大阪に持ち帰って4月の発売に間に合わせた。このCD発売直後の5月に東京青山のCAYでネーネーズ、そして桜川唯丸と二日続きのライブを企画した。唯丸師匠はこの時すでに芸歴40年を優に越えていたが、これが50歳を越えて初の有料の単独公演だった。主な活動が盆踊り会場で商業的な活動をしていなかったからで、こんな人は「ウォーマッド」の出演者にはいなかったのでは？

この年の夏前より前述の「黒い雨」を含む桜川唯丸の初アルバム『ウランバン』（1991年12月発売）の録音を開始し、盆踊りで北河内などを回る間に「ウォーマッド」出演となった。盆踊り会場に櫓（やぐら）ではなくステージを設置し音頭以外の要素を取り入れて革命を

もたらした師匠だったから「ウォーマッド」出演にも違和感はなかったが、それなりに結構な緊張感があった。なにしろこの三日間は今考えてもすごい世界的アーティストばかりだったから。個人的には二日目トリのユッスー・ンドゥールが圧巻で、バックステージで音楽監督のハビブ・フェイ（2018年没）と話し込んだことをよく覚えている。それで桜川唯丸はこの4年後に潔く引退する。

1991年は私の音楽人生でも「起承転結」の「承」の中盤と「転」の前半とが一度に来たような年だった。元々1980年にバンドでデビューしたが海外（主に西洋）的なサウンドを模倣して日本語の歌詞を乗っけることに満足できず、もっと土地に根付いた日本の伝統音楽文化の古層と深く向き合いたいと、1982年から大阪の河内音頭〜1987年から江州音頭〜1990年からは沖縄の民謡と接していた。それらの伝統音楽や民謡の現場を体験しつつ、生きた芸能〜音楽として新しく現代に蘇生させることが当時私の目指していたことで、それは現在も変わっていない。今振り返ってみれば、若くてとっつきやすい菊水丸〜中世までに根ざした唯丸〜言語や文化の違う沖縄民謡でもわかりやすい部類のネーネーズ〜そこから深化した古謝美佐子、と近く浅くから遠く深くへとうまく順番に人生の縁が導いてくれた。もちろん私自身が音楽を楽しみかつ感動できることが第1で「起承転結」の結びに入った現在もその道は続いている。1991年は私にとって最も多忙で激動の1年だったし、今後もこんな年はもうないのではと思う。

司会者として、都はるみのインタビュワーとして

関谷元子（評論家、司会者）

思い出としてまず浮かぶのは、都はるみさんとお話できたことでしょうか。

都さんが最初に出た1991年の「ウォーマッド横浜」でのことです。屋外の大きなステージで、ロックぽいアレンジのバンドをバックに着物で飛び回りながらのライブ。都はるみがワールド・ミュージックのフェスに出た、って本当にすごいですよね。大盛り上がりでした。

その頃私はNHK BSの番組でワールド・ミュージックを紹介していて、彼女が舞台を終えて舞台袖に来た時インタビューをしたのです。この頃の都さんは、歌手としての引退宣言があり（1984年）、プロデューサーとしての芸能界への復帰があり（1987年）、1990年には歌手として復帰された。私生活も騒がれていて、会場にもかなりの数のメディアが詰めかけていました。でもその中、テレビ・カメラ・クルーは我々だけでした。

私たちが「ウォーマッド横浜」全体を取材していたからか、そのあたりは当時のディレクターに聞かないとわかりませんが、ビデオ・カメラの設置が必要だったので我々だけが先にステージ脇にいて、舞台袖で都さんを待つことになりました。それが独占インタビューになった。

私の興味は、日本歌謡界の頂点に立ったシンガーが、なぜ「ウォーマッド横浜」に出たのかその理由が知りたかったわけです。都さんにライブの感想を訊くと、「（舞台から）空を見上げ

たとき、お星さまがとても素敵だった」とか、「私のファンだけじゃない、若い人たちの前で歌えたのは歓びでした。若い人がこんなに喜んでくれると思っていなかった」とか、都さんは気さくに答えてくれました。ステージから私の前まで来られた時、汗をいっぱいかいていましたが、そんなこと気にせず、明るく可愛いらしくて、そしてプロだな、と思いました。

ということで、ものの数分でした、マネジャーにせかされるように車で去っていった都さん。で、まとめて移動してきた他の取材陣は間に合わなかったんです。おかげで(?)この時、初めて「かこみ取材」を他の取材陣から受け、都さんの発言を私が話すハメになりました(笑)。

私は中村とうようさんに、大学の卒業論文指導教官として以来大変お世話になった一人です。ある時、とうようさんは私に、ヌスラット・ファテ・アリ・ハーンのことを書けとおっしゃって、現地のカセットテープを100本ほど私に貸してくれました。もちろん大変な作業で、同じ曲が複数のカセットに入っていることはよくあり、かつバージョンが違うのか、などの区別から始めました。でも結果的にこの経験が良かったのだと思います。ヌスラット・ファテ・アリ・ハーンという、パキスタンのイスラム歌謡の人のヴォーカルが色々な境界を越え、世界レベルですごいということを叩きこまれたのですから。そして、それは「ウォーマッド横浜」でより多くの人が知ることになりました。

こういう、とうようさんならではの音楽観って、「ウォーマッド横浜」が企画された時点から強く反映されていたようですね。それまでの日本は、世界民族音楽の夕べ、みたいなちょっと硬い公演はあったとは思うんですが、とうようさんはヌスラットさんを、その範疇で捉えなかった。結果ヌスラットさんは、マガジンハウス系の雑誌などでも取り上げられて、「ヌスラットはヌスラット様と呼ばなくてならない」などとサブカル的に盛り上げた人たちもいました。そんな、欧米文化とは異なる音楽に大きなスポットライトが当ったのが「ウォーマッド横浜」前後の時期でした。それこそがワールド・ミュージック・ブームであり、きっかけを作ったのが中村とうようさん。とうようさんはかつて、まだまだ日本で知られていない音楽文化に対して「これは凄い」とピンとくるその勘、そしてそれを広げる行動力が並外れていた方でした。

「ウォーマッド横浜」では、アルジェリアのスターだったシェブ・ハレドにもユッスー・ンドゥールにも取材できたし、他にもたくさんの取材をさせてもらいました。とにかく忙しく会場を動き回っていたという印象ですね。こんな贅沢な音楽イベントは過去になかったですから。

この10月（2022年）、久しぶりに河内音頭の河内家菊水丸さんが東京公演を行ない、その時にお話をしたら、師匠、私が司会進行を受け持った1992年の「海のアリーナ」での一部始終を、私よりも覚えていました！　私自身は、アイルランドのトラッドのグループ、ディ・ダナンの英語が難しくて舞台上で冷や汗をかいたのはよく覚えているのですが、今、良き思い出が少しずつ蘇り、改めて当時の至福の時間をかみしめています。

（談）

あの「ワールド・ミュージック」のブームを超えて

ピーター・バラカン（ブロードキャスター）

　久しぶりに第１回目（１９９１年）ほかの出演者を見直してみると、改めて中村とうようさんが深く企画に関わっていたことがわかります。ただ、ここまで色んな音楽についていけるファンってどこまでいるかなとも思います。ぼくは１回目の初日を観たんですけど、雨が降ってて、あまりフェス日和じゃなかった。お客さんもそんなに多くなくてね。

　後にぼくも「LIVE MAGIC!」（Peter Barakan's LIVE MAGIC!）というフェスをやるようになって、お客さんが集まらない経験をしたことがあるので、運営の厳しさはよくわかります。特に「ワールド・ミュージック」に特化したフェスティヴァルのばあい、主催者に相当な覚悟がないとできないと思います。

　同じ時に富山県で「スキヤキ・ミーツ・ザ・ワールド」も始まりました。ただこちらは、みんなが把握しやすい規模だった。30年以上も続いているというのは凄いことだと思う。

　１９８２年、ピーター・ゲイブリエルが中心になって始めたのが元々の「ウォーマッド」なんですけど、最初は大赤字でした。ひどいくらい、人が集まらなかったそうです。そのために彼は、久しぶりにジェネシスのツアーに参加したりと、「ウォーマッド」を軌道に乗せるまで大変だったそうです。今ではシンガポールやアデレイド（オーストラリア）など、各国で「ウォーマッド」が開かれて、有名な催し物になっていますけどね。

出演するアーティストのことをよく知らないフェスティヴァルに出かける人は、どうしても限られる。今は、いわゆる「フェス」が一般化したから状況は変ってきたけど、「ウォーマッド」は40年前に始まったからね。「グラストンベリー（Glastonbury Festival of Contemporary Performing Arts）」にしても、その前身は１９７０年に始まっています。ただ、今のように大規模ではなかった。昔はジャズとかブルーズとかのフェスティヴァルはあっても規模は全然違うし、世界的な話題になった「アフリカの難民救済、飢餓問題」を訴えた「ライヴ・エイド」（１９８５年）は超特殊なイヴェントで、あれはフェスじゃなくて、テレビのための企画でした。

だから、たくさんの困難を乗り越えて、世界の音楽を紹介してくれたのが「ウォーマッド横浜」だったはずです。


そもそも「ワールド・ミュージック」というジャンルは、ロンドンのレコード屋の「エサ箱」の中にアフリカ音楽やラテン音楽を加えるとき、どう分類すれば分かりやすいか、というところから始まっています。５人の音楽関係者が2時間ほど会議をして決めた言葉が「ワールド・ミュージック」だった。

だから人工的に作られたジャンルです。変な名前だとか言われましたけど、でもその手のレコードが注目されるきっかけにもなったと思います。

フランスにはジャック・ラングという政治家がちょうどその時期に文化大臣を務めていました（1988年に入閣）。彼は、簡単に言うと、フランス語を話す国はどこでも「フランス」という扱いにして、文化予算をたっぷり出しました。西アフリカならセネガルとかギネー（赤道ギニア共和国）、マリとかの音楽を、フランス語圏の文化として後押しした。ユッスー・ンドゥールのスタジオが、ようやくダカール（セネガルの首都）にできた頃かな……フランス語圏の国々ではまだちゃんとしたレコーディング・スタジオがないときに、西アフリカのミュージシャンの多くは飛行機でパリに飛んでレコーディングしていたのですが、その資金もフランス政府が援助しました。「ワールド・ミュージック」のブームの一つのバックグラウンドです。

だから西アフリカのフランス語圏の国々の音楽って、当時はめちゃめちゃ元気でした。そんな状態が1994年か1995年くらいまで続きましたが、ある時点でその支援が終わったようです。いきなりレコードが出なくなってしまった印象でしたね。

例えばフランスには「ミュジーク・メティース（Musiques Metisses）」（1976年〜）という音楽祭がありますが、その主宰者のクリスチャン・ムセーが、マラビというレーベルでいいアルバムをたくさん出していたけど、彼の活動も地味になっていった。

イギリスではスターンズというレーベルがあった。母体はレコード・ショップ。あと、大柄な南アフリカ人、ジャンボ・ヴァンレーネン（Donald "Jumbo" Vanrenen）がやっていたアースワークス。これはヴァージン傘下のレーベルで、南アフリカの「ムバカンガ（mbaqanga）」などを積極的に紹介していた。ニック・ゴールドのワールド・サーキットも地味ながら素晴らしい活動をしています。

彼らは少ない人たちで運営していて、みんな細々とやっていたはずです。レコードのマーケットとしてはワールド・ミュージック系は小さかった。1990年頃は（ビジネスとして）そこそこ動いてはいたけれど、ロックやソウルとか、ヒップホップとか、そういうジャンルとはマーケットの規模では比較にならない。

だから「ウォーマッド」のような多様な音楽を扱うフェスティヴァルが、イギリスなどヨーロッパで始まったことは大きいと思います。イギリスの「ウォーマッド」にしても、フランスや北欧などヨーロッパの他の国々の人たちを集めることができます。アメリカからだって東海岸なら飛行機で5、6時間です。日本のばあいは、それだけを考えても大変です。「ウォーマッド横浜」をやった頃って、近くの韓国や中国の人たちをアテにすることは考えられなかったでしょう。

ユッスー・ンドゥールやサリフ・ケイタ、トゥマニ・ジャバテなど、ぼくも好きになって、自分のラジオ番組でもよくかけました。ただあの当時は、アフリカの音楽って多くのリスナーは聴いたことがないので、最初は違和感があったみたいです。でも、ぼくのいつものやり方ではあるんだけど、彼らの音楽を特別扱いはしなかった。ブルーズとかロックとかと同じように紹介してた。「ワールド・ミュージック」じゃなくて、同じ「いい音楽」としてかけました。

それが良かったみたいで、番組では少しずつファンが増えていきました。だから敢えて「ワールド・ミュージック」と宣伝しないほうが、日本では浸透してたんじゃないかな。

だいたい、これがどんな音楽なのか自分なりに分かるのには、時間もお金もかかりますね。突然のようにセネガルや南アフリカ、インドネシア、パキスタン……その国々の音楽が面白いと言われても、レコードやCDを買い集めるのは大変です。

ナイジェリアのサニー・アデもブームを象徴する一人として日本でも有名になりました。彼はレゲエを世界的な音楽にしたアイランド・レコードからアルバムを3枚出したけど、ただ、そのあとが続かなかった。やっぱり大手レコード会社の後押しがないと世界へ広まるのは難しい。普通のリスナーが、彼を追いかけるためにナイジェリア盤（アナログ・ディスク）を買うなんて、当時はまず無理だったでしょう。

ロックとかブルーズを聴いてきた一人の音楽ファンとして言うと、例えばマリの音楽は分かりやすかったです。音程や音質にブルージィな感じがしたから。アリ・ファルカ・トゥーレ！渋谷のクアトロで見たとき、「ブルーズの元ってこれじゃん！」って直観しました。彼はブルーズのジョン・リー・フッカーを以前から聴いていたらしいけど、お互いは離れていても「親戚」であることに間違いない。

こういう自分なりの発見が、大事だと思います。

ぼくの場合は魅力を知るのに少し時間がかかったのは、ザイール（現コンゴ民主共和国）の「ルンバ」でした。フランコ（Franco & T.P.O.K. Jazz）などの、あのラテンっぽくて柔らかなラテンのノリは、まるっきりテイストが違うもう一つのアフリカ音楽ですね。

世界には無数の音楽があり、それぞれを理解するのに自分なりの時間がかかるわけですね。

（談）

WORLD MUSIC FESTIVAL
SUKIYAKI
MEETS THE WORLD
Since 1991

第3章
富山県南砺市から発信される国際フェスティバル「スキヤキ」

［鼎談］

橋本正俊＋
布袋康博＋
指田文夫

南砺市福野で1991年から行なわれている「スキヤキ・ミーツ・ザ・ワールド」の歴史と現在などについて、前実行委員会委員長の橋本正俊氏と現委員長の布袋康博氏と指田で、鼎談を行なった。当初は、渋谷で毎年行われているスキヤキ・トーキョーに、お二人が上京した際にする予定だったが、ご都合で来られなかったので、2022年10月にズームによるネット鼎談で実施した。

南砺市ができたばかりの時に「何かやってやろう」

指田　橋本さんとは、2016年に福野でお会いしてインタビューしていますが、布袋さんとは初めてですので、よろしくお願いします。今までは何をされていたんですか。

布袋　今年の4月に委員長になった布袋です。これまでは、部会長、具体的にはアーティストの移動やパレードの運営などの部会長をやっていて、委員会の副委員長をしていました。私は、音楽はごく普通の趣味で、ワールドミュージックなど、まったく知らなかったのですが。若い時は、ボーイスカウトでブラスバンドをやっていましたが。

指田　私は、2013年に初めて「スキヤキ・ミーツ・ザ・ワールド」に来て、その日は金曜日で、まだ北陸新幹線もできていませんでした。直江津、高岡を経てJRの城端線で福野駅に来て、最初にホテルに入って、飲んだ水の美味しさに本当に驚きました。私は味音痴で、日本酒の味の違いなどまったく分からないのですが、この時の水は本当に美味しいと感じました。

布袋　ホテルの水ですか。

指田　Ｍビジネス・ホテルの洗面所の水道水です。やはり白山からの水なので、美味しいのだと思います。

布袋　ぜんぜん気がつきませんが、そうなんですね。

指田　そして土曜日の午前中は、大きな演目もなかったので、城端線の終点の城端駅に行きました。ここの近くには、篠田正浩監督、坂東玉三郎主演の、泉鏡花原作の映画『夜叉が池』に出て来る湖を撮影した場所もある、と駅の名所案内にはありました。15世紀に作られた浄土真宗の善徳寺もあり、京風の料理も堪能しました。午後は氷見線で氷見海岸に行き、夕方に戻ってきて、福野駅からのパレードを見たのです。

布袋　福野駅から出て、植物園のフローラルまでのパレードですね、当時は。

橋本　あの頃は、フローラルまで行っていましたね、大々的に。

指田　あれを見て、私は非常に感動したのです。というのも、１９８９年８月にイギリスの「ウォーマッド」に行きました。米国への清教徒のメイフラワー号が出帆したというイギリス西海岸のプリマス港の近く、セント・オーステルでのという海岸でした。参加者は１万人くらいで、半分くらいが海岸の砂浜にテントを張って泊っていました。

橋本　テント村ですね。

指田　そうテント村です。日本では、消防、警察、保健所などの規制が強くてできませんね。その会場の端でワーク・ショップが行なわれていて、紙の衣装、仮面等を子供と作っていて、最終日に全員でパレードしました。一緒に見に行ったプロデューサーの田村光男と「これ、絶対に横浜でもやろうね」と話したのです。

橋本　私が、以前見に行ったフランス南西部の、ＴＧＶ（フランス国鉄の高速鉄道）でパリから2時間くらいの町（基礎自治体）のアングレームのフェステイバルでも、そんなことをやっていました。

指田　実は、1回目の１９９1年と2回目の１９９2年の「ウォーマッド横浜」の時は、イギリスからワークショップ・アーティストたちがやってきたのです。会場の隅で、子供相手に衣装作りをやり、日曜日にパレードをやったのですが、20人くらいでダメでした。翌年から、こんな者こなくて良いとしました。そのパレードが「スキヤキ・ミーツ・ザ・ワールド」ではできているので、私は、本当に感動したのです。「スキヤキ・ミーツ・ザ・ワールド」では、先頭は韓国のパーカッション・アンサンブル、サムルノリや、アフリカ等のパーカッションでワールドミュージック的です。だが、女子高生のブラスバンド、中学の鼓笛隊、さらにはお祭りの山車、そして婦人会のおばさん達の手踊りと多様な人のパレードで、大変に感心したわけです。あれは、最初からやっていたのではなかったのですね。いつ頃からなのでしょうか。

橋本　前にもお話したように、２０００年頃から始めたのです。ただ、当時は非常に反対が強かったのです。

指田　そうなんですか。

橋本　出る方からではなく、こっちの実行委員会の方が大反対だったのです。

指田　それは意外ですね、理由はなんだったのでしょうか。

橋本　いろいろ沢山の業務をやっていて、これ以上にできるのか、という実行員会内部の反対だったのです。そして、出てもらうのも最初は本当に大変でした。

指田　どのように出てもらう人を説得したんですか。

橋本　出場の責任は、こちらが全部持つと言うことで次第に納得してもらいました。

指田　現実的なことを聞いて申し訳ないですが、あのパレードに出た人達には、植物園フローラルでのライブの入場券を配っていたのでしょうね。

橋本　そうです。出てくれた団体には、植物園の入場券は配っていました。

指田　見ていると、山車や鼓笛隊に出ている子供の親や祖父母達が植物園でのライブを、飲み食いをしながら見ているので、本当に良いなあと思ったものです。

橋本　実は、私も実行委員会に入ったのは3回目からで、最初の１９９１年は地元のＪＣ（青年会議所）や農協青年部が中心で、ともかくイベントをやろうと言うことが目的でした。当時の人達は、本当は音楽はあまり関係なかったのです。当時、合併で南砺市ができたばかりで、南砺市役所も福野にはできましたが、福野地域は必ずしも南砺市全体の中心ではなかったのです。もともと砺波平野の山側の城端や井波には大きな祭があるが、福野にはないので、何かやってやろうと、市の幹部の方が発想したのが始まりでした。

布袋　歴史的には砺波平野も山に近い、城端や井波の方が水田や農業地帯として開けていて、福野は湿地帯で開発が遅れていたんですね。

指田　縄文時代後期から日本の米作は、山から川が流れ出た辺りから始まっていて、有名な登呂遺跡も安倍川と藁科川が合流した扇状地だったそうですね。

橋本　本格的な治水工事ができないと、河川の下流に水田を作るのは洪水の危険でできなかったんでしょうね。

指田　そうです。登呂遺跡もなんどか洪水被害にあっているそうですから。

橋本　私はバンドをやっていて多少音楽を知っていたので、3回目からボランティアになったのです。

指田　最初にザ・ドラマーズ・オブ・ブルンジにしたのは……。

橋本　河合さんという方のアイデイアで、カンバセーション（カンバセーションアンドカムパニー）の招聘でした。

指田　私は彼らを、東京でワコールが作った青山のスパイラル・ホールで見ました、1990年だったと思いますが。スパイラル・ホールは、当時は東京でも最新の複合文化施設で、様々なイベントをやっていましたが、現在はファッションに特化しているようです。

フライヤー「The Drummers of Brundi」（1991年）

橋本　ザ・ドラマーズ・オブ・ブルンジは頭の上にドラムを乗せて激しく叩く音楽なので、みんなびっくりして、「世界やアフリカにはこんな音楽もあるんだ」と大変に驚きました。

布袋　あれは、どこの音楽なんですか。

指田　アフリカの中央にある小さな国のブルンジの音楽です。

橋本　招聘はその後もずっとカンバセーションさんでしたが、あそこは潰れましたね（２０１０年12月、当時の社長は芳賀陸氏）。

指田　創業者の芳賀詔八郎さんが亡くなられて（２０１０年5月）、その後に潰れました。芳賀さんは、学生時代に欧州におられて、いろいろと新しい音楽などを知り、招聘事業を始められたようです。演出家の蜷川幸雄の海外公演をやった東宝、後にはポイント東京という会社を作られた中根公夫さんもそうで、学生時代は海外におられて、その後東宝演劇部に入られたときいています。

布袋　よくご存じですね。

指田　全部、田村光男からの受け売りです。田村がやっていたステーション、芳賀さんのカンバセーション、新宿のライブ・ハウスのピット・イン・ミュージックなどが有名どころで、世界中から多数のアーティストを呼んでいましたね。

布袋　本当にバブル時代だったんですね。

指田　そうです。これがずっと続くと思っていたんで、私も景気後退は一時的なもの、通常の景気循環でいずれは戻ると思っていました。

橋本　本当に、ある意味ですごい時代でしたね。

指田　もう時効だから言いますが、私もパシフィコ横浜の、ある医学系の国際会議の誘致で本郷の東大医学部に行き、帰りに上野で飲んで、夜中に横浜へタクシー券で帰って2万円なんてこともありましたから。

橋本　２０００年には、キューバのブエナビスタ・ソシアル・クラブになりました。福野の会場に１０００人が来ましたからすごかった。

布袋　見ていて、すごかったですね、あれは。

橋本　その翌年はぱったりでした。皆、「スキヤキ・ミーツ・ザ・ワールド」に来たんじゃなく、ブエナビスタ・ソシアル・クラブを見に来たんですね。

指田　日本国中から来たんですね、「スキヤキ」のためではなくて。

地域に根づいた、祭・フェスティバルのあり方を考える

橋本　そこで翌年から考え直しました。その前に１９９７年から、小学生のスティール・パン・バンドも出ていたんですが……（のちにスキヤキ・スティール・オーケストラに）。

指田　あれも大変だったでしょうね。

橋本　最初は、1995年に出たトリニダッド&トバゴのザ・レネゲイズ・スティール・ドラム・オーケストラが、終わって富山から出るときに、（楽器の移送には）多額の費用が掛かるというので、こちらで一時預かることにしたのが始まりです。こちらでも工夫して、それらしき物をいろいろと作ったりしたのですが、なかなか上手くいかず、ついには向こうから本職を呼んで作ってもらいました。

指田　2015年のことですが、福光駅そばの旅館に泊っていて、近くで飲んだ居酒屋の女将さんは、元南砺市観光課の方で、最初のスティール・パン・バンドのメンバーで、今は子供がやっていると言ってました。

橋本　そうそう最初は、南砺市役所など全部身内の人間でした。

布袋　今は希望者多数で、抽選で選んででやっています。

指田　それが本来の「祭のあり方」で、実に羨ましい。まあ、今度この本を書いて恥ずかしいことに初めて気づいたんですが、「ウォーマッド横浜」をやっていたときの、横浜市西区みなとみらい地区には、住民がいなかったんです。人口ゼロだったのですから。そこで祭をやろうとするのは、本当は無理と言えば無理だったんですね。今は、高層マンションができて総人口が9000人くらいになり、近くの小学校も生徒の人数が増えているので教室を増やしているとのことですが。

布袋　その辺は、まったく違いますね。

指田　パレードは、この２０００年の反省から。

橋本　そうです。フェステイバルをもっと広げなくてはとの思いからです。普通の人に知ってもらい、参加してもらうためです。

布袋　当時は好きな人だけが、変なことをやっているなという風でしたね。

指田　１９９８年に私が、イギリスに行って一番感じたのは、好きな人がやっていて、役所など行政は関係ないということでしたが。

橋本　「スキヤキ」も、はじめは行政からの提案だったのですが、３回目くらいから、完全に我々ボランティアが中心になりました。

指田　理想的な展開ですね、横浜ではまったくできませんでした。ボランティアの方は、今はどのくらいいるのですか。

布袋　開催当日は２００人ぐらいになりますが、中心は50人ぐらいかな、それまでに準備段階でいろいろと動いているのは。

指田　なにかやっていると、「これはなんだろう」とみんな集まってくるんですね。

橋本　そうですね、なんだろうと見に来るのです。今は、ボランティアは「スキヤキ・オフィス」という法人になっていますが。

指田　私は「スキヤキ・ミーツ・ザ・ワールド」に来ると、いつも他の市や県の施設にも行っています。２０１６年は、立山町芦峅寺（たてやままち・あしくらじ）の富山県立「立山博物館」に行きました。「地獄展」をやっているというので、いずれ地獄に堕ちる身としての事前の予行演習として。高岡駅から電車で富山駅に行きますが、ここは「あいの風とやま鉄道」という第3セクターの鉄道で、旧北陸本線は大体こうなっているんですね。

布袋　新幹線とのバーターなので、仕方ないことですね。

指田　富山駅の観光案内所で聞くと、富山地方鉄道で、千垣駅（ちがきえき）まで行き、そこからは徒歩で。平日と土曜日はバスがあるが日曜日はないというのです。千垣駅で降りるとき、電車の運転手は「バスが来ますよ」といい加減なことを言い、曜日を間違えたのでしょうね。二人若い女性も降りたから「ここから行くのは間違いではない」とは思うものの、目的地は約2キロ先、しかも上り、足が悪い私は到底無理だと、電話でタクシーを呼びました。「40分くらいかかり、料金は４０００円ですけど」と言われましたが背に腹は代えられず、ぴったり40分後にタクシーが来て、15分で博物館に着きました。

布袋　随分と高かったですね……。

指田　旅行ですから、良いのです。地獄の展示そのものは、県立博物館にしてはやや物足りなかったですが、館全体の展示は非常に面白かったです。立山は、ユーラシア・プレートとアメリカ・プレートの衝突でできていて、今も年に数ミリづつ上昇しているとのこと。いずれ富士山に追いつく日もあるのでしょうかね。

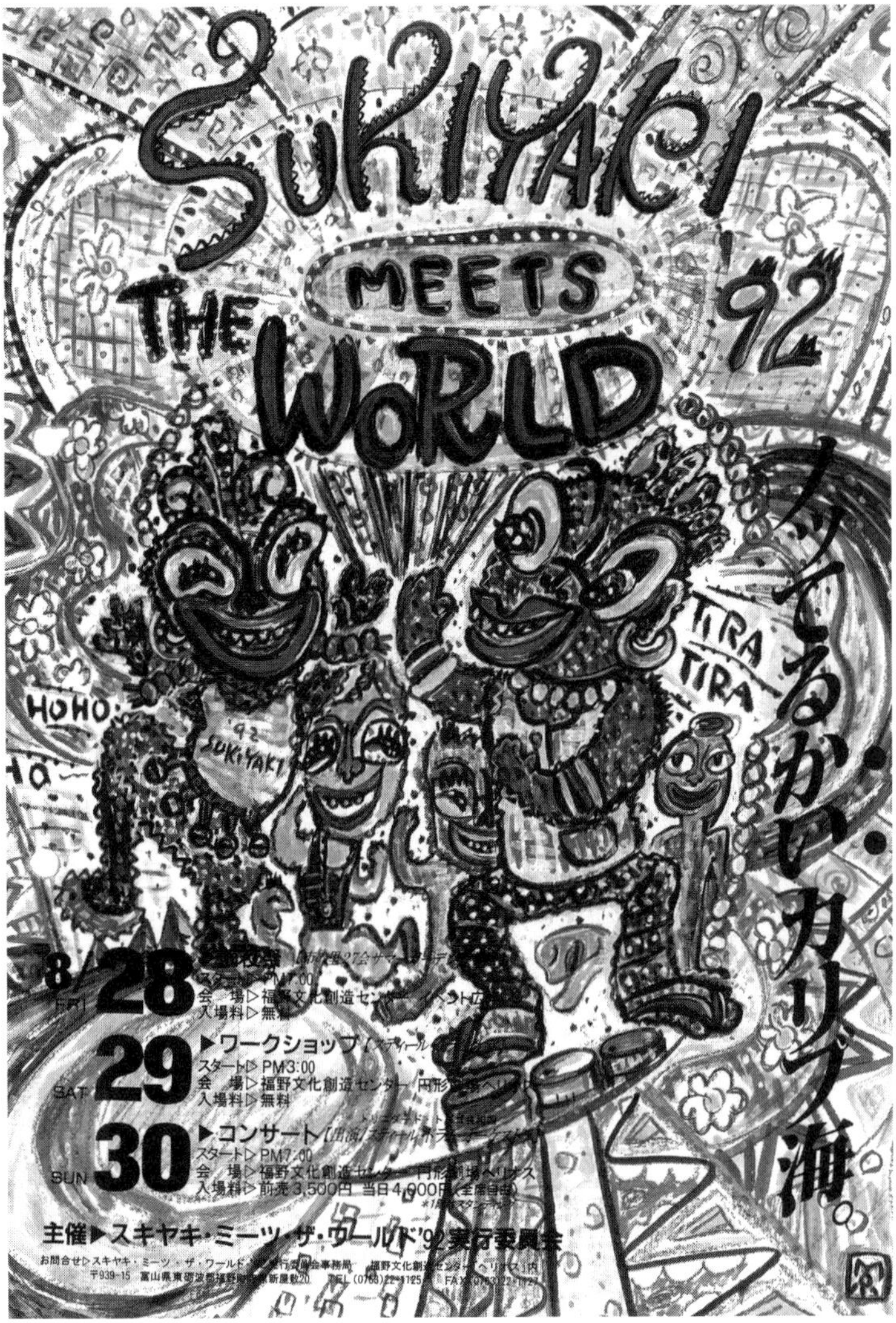
SUKIYAKI
MEETS
THE WORLD
'92
ノってるかいカリブ海。
TIRA TIRA
HOHO
'92 SUKIYAKI
8/28
29
SAT
▶ワークショップ
スタート▷ PM3:00
入場料▷無料
30
SUN
▶コンサート
スタート▷ PM7:00
入場料▷前売 3,500円
主催▶スキヤキ・ミーツ・ザ・ワールド'92実行委員会
フライヤー（1992年）

橋本　何万年後でしょうがね。

指田　たしか『今昔物語』にも、「日本國の人、罪ヲ造テ多ク立山ノ地獄ニ堕ツト云ヘリ……」（修行僧至越中立山会小女語 第七）とあるように、立山には地獄の池や噴火口などがあり、また極楽も想像されていたようですね。我々には、地獄は容易に理解できますが、極楽は難しいのですが……私は京都・宇治の平等院の鳳凰堂中堂壁画のようなものではないかと思っています。そこでは天女たちが楽を奏で、踊っている姿が見られます。考えるとそれは、バブル時代のジュリアナのようにも見えましたね、ジュリ扇こそ振っていませんが。

橋本　ジュリアナねえ、行きましたか。

指田　残念ながら行っていません。１９８８年の正月、六本木のディスコ「トゥーリア」でシャンデリアが落ちる大事故が起きたとき、私は近くの居酒屋で飲んでいて、店を出ると大騒ぎでびっくりしたことがありますが。あのバブル時代の狂騒は、日本が縄文時代以後で、唯一味わった「極楽」なのかもしれないとあらためて思いました。地獄を描いたのに曼荼羅絵図があり、これを全国の諸所で絵解きする者が立山から行き、いわゆる「絵解き」をしたのですが、これは浪花節の源流の一つですね。近世には、地獄の閻魔大王も次第に堕落し、「地獄の沙汰も金次第」となったんだそう、との説明文には笑いましたが。

布袋　なんでも笑いにしてしまうのは、庶民の知恵でしょうね。

指田　終わり、戻りのタクシーが来てくれたので、値段を交渉して破格の金額で、岩峅駅まで送ってもらいました。この駅は、木村大作監督の『劔岳　点の記』の富山駅として使われたのだそうで、写真が多数ありました。

橋本　あの映画は、観ましたか。

指田　もちろん。悪くない映画でしたが、カット尻が異常に長いこと、音楽の使い方が陳腐など、木村監督がカメラマンとして仕えた黒澤明の晩年の悪いところを受け継いだような作品だと感じました。福野へ戻って、その夜のヘリオスのステージを観ると、ベネズエラのセシリア・トッドたちで、彼女は非常に良かったです。

橋本　あのおばさんはなかなか良かったですね。

指田　彼女の歌もそうですが、バンドリン（スペイン／ポルトガル起源の複弦楽器）のおじさんが最高で、相当に上手いと思いました。他に、ギター2本とドラム抜きのパーカッションで、簡単に言うとブラジルのインストゥルメンタル音楽のショーロで、ブラジルでは普通は男だけだけなので、終了後、ＣＤを買い、サインしてもらうとき、そのことを聞くと、「そうだ」と言われました。また、２０１７年の日曜日は、富山市に富山県現代美術館が開館したので行きました。開館記念でクリムトなど、名画だらけでしたが、中では甲斐庄楠音（かいのしょうただおと）の絵が凄かったですね。

布袋　甲斐庄ってどんな人なのですか、聞いたことがありませんが。

指田　普通の人は知らないでしょうね、日本画の画家ですが、異端とされた人（本姓は「甲斐荘」、京都生まれ）で、戦後は映画の美術をやっていました。その展示品は着物の前をはだけた女性で、ほとんど裸でした。「さすが溝口健二の美術で、日本美術の異端児だった甲斐庄だなあ」と思いました。また、丸木位里と丸木俊の「原爆の図」まであったのですから、企画者は頑張ったのだろうと思いました。3階には、滝口修造の書斎もありました。

橋本　滝口修造って誰ですか。

指田　滝口は、日本のシュールレアリストの開祖のような人です。現在の富山市（旧婦負郡寒江村＝ねいぐんさぶえむら）生まれで、慶応大学を中退して、いろんな活動をされた方です。日本におけるシュールレアリズムの詩、絵画、評論等の創始者で、詩人の西脇順三郎らとも交友のあった人です。所有していた物が展示されていました。滝口自身が、そこのパンフで書いているようにガラクタでした。彼の友人、知人からの贈り物が多かったです。要は、滝口にとっては意味のある物ですが、ガラクタで、使用価値はあるが、交換価値はゼロというものでしょう。ただ、この展示の滝口の経歴のどこにも彼が、PCL（ピー・シー・エル映画製作所）にいて、企画や記録をやっていたことに触れていなかったことが私は不満でした。戦前に新興の映画会社だった東宝には、彼の他、戦後は前衛画家になる山下菊二もいたし、劇作家の田中千禾夫（たなかちかお）や三好十郎もいたのです。特に、三好は大きな影響を黒澤明にも与えたと思うのです。黒澤明と三好十郎には、共に転向者としての共通性があったのですから。

布袋　PCLって何ですか、また黒澤が転向者というのはなんでしょうか。

指田　ＰＣＬは「フォト・ケミカル・ラボラトリー」の略で、東宝の基になった映画の録音会社で、いろいろな経緯があって劇映画の製作もするようになり、最後は東京宝塚劇場と１９４１年に合併して東宝になりました。また黒澤明は若い時は大変に貧乏で、日本共産党の末端の活動家でもあったのです。

布袋　本当ですか、それは初耳ですね。

指田　いずれにしても、「富山県はいろんな芸術家を出しているのだな」と思いました。最近でいえば「藤子不二雄」（藤本弘と安孫子素雄の共同ペンネーム）さんたちですから。さて、スキヤキ・オフィスはヘリオスという文化施設の運営もやっていたのですか。

布袋　そうです。そこが、ヘリオスなどの管理も受託していたのですが……。

橋本　指定管理者制度が、富山県、南砺市でも導入され、今年は「スキヤキ」が他社との入札競争に敗れて、ヘリオスの管理運営を受託できなくなったので、実は経営的に大変なのです。

指田　指定管理者制度は、どこでも問題ありですね。横浜でも、区民文化センターや福祉施設などで指定管理者制度を導入しています。大体は、照明や舞台の会社、地元の広告代理店等ですが、中には修理や清掃、メンテナンスの企業などもあり、文化・芸術、あるいは福祉にもともと不案内という例もあり、非常に問題だと私は思います。

布袋　南砺市も、ヘリオスの他に、三つ文化施設があり、その内の一つのヘリオスをスキヤキ・オフスが、ずっと管理運営を受託していたので、その費用も含めて「スキヤキ・ミーツ・

ザ・ワールド」の運営もできたのですが、今年からはできなくなったので、大変なんです。今後、5年間ですからね。

指田　「スキヤキ・ミーツ・ザ・ワールド」の開催実績の意義を認めないのは、実に不当なことで、この本が南砺市や富山県の行政の担当者にも、スキヤキの意義を再認識させる一助になればと思います。

布袋　ありがとうございます。

指田　市や県からの助成はあるのでしょうか。

布袋　ありますが、大変に少額です。

指田　「スキヤキ・ミーツ・ザ・ワールド」は、いろいろなところから表彰されていますよね。

橋本　主だったものを列挙します。

1996年年11月に、(地元の）北日本新聞社から「地域社会賞」を頂きました。
2002年7月、サントリー「地域の文化賞」。
同年9月、富山県部門功労（文化分野）表彰。
2008年3月、「とやま未来遺産」に認定。
2009年2、国際交流基金から「地方文化賞」を受賞。
2010年年11月、南砺市功労表彰。

フライヤー「Sukiyaki Steel Orchestra」

２０１１年３月、「ふるさとイベント大賞　優秀賞」受賞。

２０１２年２月、「地域再生大賞　優秀賞」。

２０１７年11月、地方自治法施行70周年・地方自治功労者総務大臣表彰（「都道府県及び市町村の行政に積極的に参画し又はコミュニティづくりに熱心に取り組んでいる民間団体、住民自治組織等」の一つとして「スキヤキ・ミーツ・ザ・ワールド実行委員会」へ）。

指田　それぞれ、お金は出たのはありますか。
橋本　出ました。サントリーと国際交流基金で、どちらも２００万円でした。
指田　現金で、ですか。
橋本　口座への振り込みでしたが頂きました。

新しい時代の、ナマのフェスティバル、イベントの大切さ

指田　利賀村（とがむら）の「鈴木忠志」は、まだやっているのですか。あそこも南砺市なんですね。
橋本　そう南砺市です。元は利賀村でしたが、合併で南砺市になっています。「鈴木忠志SCOT（Suzuki Company of Toga)」ですね、依然として立派にやっています。今年で40周年だぞ

うです。あそこは富山県からのご理解とご協力がすごくありますから。今は入場料では なく、投げ銭方式ですね。投げ銭と言われても、観ればお金を出さざるを得ませんよね。

指田　以前、私は利賀村の先にある、岐阜県の白川郷の合掌作り村に行ったことがあります。その帰りのバスで、利賀村に行く多くの外国人の演劇志望らしい若者たちに会いました。世界的に鈴木忠志は有名人ですからね。実際に彼の芝居を見たことはありますか。

橋本　一度だけ見たことありますが、正直に言ってまったく理解できませんでした。

指田　それは、当然です。私の考えでは、彼は演出家ではなく、俳優の演技のコーチ、訓練者だからです。野球で言えば、バッティング・コーチ、ピッチング・コーチだからです。どうしたら良い球が投げられるか、どのような理想的なバッティング・フォームで球を打てるかだけを問題にしており、その結果の試合が勝とうが、負けようがどうでも良く、関係ないからです。

橋本　迫力は大変にすごいと思いましたが……。

指田　彼がいた早稲田大学の学生劇団「自由舞台」には、１９６０年頃まで、日本共産党の指導者がいて、演劇の理論的指導をしていたそうです。そこでは、当時の共産党の方針に沿った演劇理論、簡単に言えば「社会主義リアリズム」の劇が正しいとされていました。鈴木や昨年亡くなられた別役実らは、それに反発し、演劇からテーマやイデオロギー性を取り除き、役者の演技と芝居だけにしたのです。「演劇は役者の演技を見せるものだ」というのが鈴木忠志の主張で、半分正しいのですが、私は、演劇にテーマや物語性はあって良いと思っています。そうしないと普通の人は演劇を理解できないからです。

橋本　なるほど。道理で我々、普通の人間には理解できないんですね。

指田　音楽も同様で、音楽評論家の中村とうようさんは「音楽に意味やメッセージの伝達は不要で、音楽を聴けば言葉や意味を知らなくても、その音楽の意味とレベルは分かるのだ」と言ったことがあります。しかし音楽でも、意味やメッセージがあっても問題はないのでは、と私は思うのです。

橋本　利賀は、富山県などの行政から非常に理解されていますが……そうだったんですね。

指田　鈴木忠志は、演劇のみならず文化・芸術全般への理論家ですし、「岩波文化人」でもありますから、県などの行政に受けるのも当然でしょうね。早稲田大学の劇団自由舞台からは、日活ロマンポルノのプロデューサーの岡田裕、松竹大船で『天城越え』などを監督した三村晴彦らが出ていて、大体、鈴木と同期のはずです。岐阜県可児市（かにし）の文化創造センター館長兼劇場総監督の衛紀生（えいきせい）さんも、自由舞台の出身で、私と同期です。劇団は別ですが。

布袋　そうなんですか、指田さんも劇団にいたのですか。

指田　私ももともとは、演劇か映画に行くつもりだったんですが、家庭の事情で市役所に入ったのです。

橋本　役所って、結構変わった人がいますよね。私も実は富山県教育委員会の職員です。この

「地位を利用」して、県立南砺福野高校の巌浄閣（がんじょうかく、旧富山県立農学校本館、国の重要文化財）を使っての夜間イベントを行なっています。

指田　あの木造2階建てで、和洋折衷の下見板張り（コロニアル様式）の巌浄閣ですね。いつも、私は城端線の車中から見ているだけですが、非常に素晴らしい建物ですね。地元の人からのご寄付なのでしょうか。

橋本　そうです。島巌という県議会議員（初代石川県会議員）などを務めた資産家のご寄付と聞いています。昔の方の、地元への愛情や愛着は今の我々とは比較にならないような強いものがあったんですね。

指田　そうです、私が卒業した都立小山台高校でも、元の水泳用プールの敷地が卒業生からの寄付になっていました。１９８５年の校舎全体を建替えた時に、「財産交換」で鉄筋4階建ての同窓会会館にしたことがありました。到底、愛校心のない我々の世代とは大変違いますね。

橋本　実行委員長は、実は私が6代目で、布袋さんは7代目なんです。ですから、歴代の中で、３人の方がすでに亡くなられていて、そうした方のためにも我々もさらに頑張らなくてはと思っているわけです。

指田　本当に歴史が積み重ねられているのですね。素晴らしいことです。こうした新たにできたイベント、フェスティバルでは唯一、最長のものだと私は思います。

布袋　ありがとうございます。ここで「スキヤキ」のアウトリーチ・イベント言っていますが、ヘリオス等の中心とは別にやっているイベントについて、説明します。それは、まずスキヤキ・レジデンスとしては、6組目となる「マリアナ・バラフｗｉｔｈ里アンナ&マユンキキ」結成。さらに南砺市各地の、主に福野で「スキヤキ」の期間前の育成プログラム（中野優希による演奏指導「スキヤキ・スティール・オーケストラ／気分はカリビアン」をやっています。また、アルゼンチンのフォルクローレ・ワークショップや廣瀬拓音（ひろせたくと）によるマラカトゥ・ワークショップ、さらに金沢美術工芸大学ワークショップ部「ちきゅう」による仮面づくりなども開催しています。南砺市内でも、アウトリーチ・イベントとして廣瀬拓音によるマラカトゥ・ワークショップを市立福光南部小学校、市立井波小学校、市立利賀小学校などで開催しています。こういうものは大きなものではないのですが、市民の中に広げる意味があると思っています。

指田　反響はどうでしょうか。

布袋　意外にも、子供たちから好評を得ています。

橋本　今はもうやっていませんが、福野の奥にあるいう安居寺（あんごじ）というお寺でも、コンサート・イベントをやっていました。5キロと少し離れているので、ヘリオスからシャトルバスを出して現地を往復しました。寺院なので、大変に雰囲気があり、荘厳で非常に良かったのですが、予算的に無理があり、現在はやっていませんが。

指田　「ウォーマッド横浜」のプロデューサーだった田村光男は、山梨県白州町で、１９８８

年から『白州夏フェスティバル』をやっていました。ここは世界的な舞踊家でも有名な田中泯さんが、「舞塾（まいじゅく）」をしながら自然を主体とした生活を塾生とやっていました。田中さんは、山田洋次監督の映画『たそがれ清兵衛』にも出て衝撃を与えた方ですが。そこで、毎年8月に白州フェスティバルをやっていましたが、ここでも町の中の神社の社殿、舞殿などを自由に使っていましたが、本当に雰囲気のあるイベントでしたね。ここも多くのボランティアの方によって運営されていました。

布袋　また、福野の「ア・ミュー」というホテルでも「ア・ミュー・ナイト」というミニ・コンサートをやったこともありました。

指田　ホテルのア・ミューには、私も宿泊したことがありますが、きれいなホテルでしたね。実行委員会のニコラさんは、フランス人ですが、現在は南砺市の職員なのでしょうか。

橋本　彼、リバレ・ニコラは、フランス西部のブルターニュ州の生まれで、大学生時代からなんども富山県に来て「スキヤキ」のボランティアとして参加していました。そして、2001年に福野文化創造センターに就職し、以後は南砺市福野に住んでいます。2018年からは、館長代理になり、スキヤキ・オフィスのチーフ・プロデューサーとして、イベントの企画制作、アーティストの選定、招聘に当っています。

指田　「スキヤキ・ミーツ・ザ・ワールド」が招聘するアフリカなどからのアーティストは、フランス語圏の人が多いので、フランス語の方は、言語的に有利ですね。

布袋　アフリカの西半分は、ほとんどフランス語圏ですからね。

指田　アフリカで英語が主要言語の一つとして使われている国は、西アフリカだとガーナ、ナイジェリア、そして南部アフリカだと南アフリカ、ジンバブエくらいですからね。「ワールド・ミュージックはパリ発」と言われたのも、その性ですね。イギリス発は、まさに「ウォーマッド」くらいだったんですね。では、コロナウィルスのまん延による中止、延期等は影響がありましたでしょうか。

布袋　もちろん大きな影響があり、2年間正式にはできませんでした。そのために我々の事前の会議も対面ではできず、逆に全部ネットでのズームによる会議で、ネットの使い方は上手くなりましたね。

指田　配信での公演もあったのですね。

布袋　配信の公演もやりましたし、今では有料配信や投げ銭公演もネットでできるのですね。

指田　ただ私は音楽や演劇等のイベントは、実際に実演でやるべき、観るべきものと思っています、少し古いですが。私は大相撲も大好きで、先月の9月場所の2日目に両国国技館に行きました。午後1時過ぎだったので、対戦は幕下上位で、富山出身の朝乃山も出ていました。そこから十両、幕内、さらに幕内でも中入後の上位の取り組みとなります。次第に強くなる力士同士の当たりの音、技の鋭さなど、本当に現場で見るのと、テレビで見ているのとでは迫力がまったく違います。私は、今回大相撲を見るのは4回目くらいですが、本物は現場で見ないと本当の感動はないとあらためて思った次第です。私が、最初に「パシフィコ横浜」に出向した１９８０年代の後半は、世界的にパソコンが普及し出したネット時代の始まりでした。当時言われていたのは、コンベンションの内、特に展示会は、ネット上で情報が得られるようになるので、今後は開催は減少するだろうという予測でした。しかし、ネットや情報化が進んでも、いっこうに展示会は、世界的にも減少していません。それは、ネツト等でいろいろと情報を得られれば得られるほど、人は本当の物を目で見て、手で触って確かめようとする欲求が増してくるからで、実際の展示会や会議、イベントはどんどん増加しているのです。

布袋・橋本　なるほど。

指田　それと同じことが、音楽の業界でも起きていて、ネットや携帯で多数の音楽の情報を得れば得るほど、今度は本当の歌手を見たい聴きたいとのことで世界的にコンサートは逆に増えて来ているのです。ですから、イベントやコンサート、ライブは、これからも決して減少しない、むしろ増えるだろうと思うのです。その意味で、「スキヤキ・ミーツ・ザ・ワールド」の意義はますます大きくなると私は思っていますので、今後も頑張ってください。

布袋・橋本　ありがとうございます。今後も頑張ってやっていきますので、どうぞよろしくお願いいたします。

指田　今後も応援していきます。ぜひ続けていってください。

（文責・指田）

「スキヤキ」の盛り上がり（この章の画像・資料提供：スキヤキ・ミーツ・ザ・ワールド実行委員会）

第4章 私の音楽遍歴、そして中村とうようさんとの出会い

WOMAD

歌舞伎や音楽が好きな一家に生まれ育って

音楽遍歴といっても、すべて聴いてきたことで、やってきたことではない。自分のことを書くのは恥ずかしく、またお前のことをなぜ書くのかと思われるだろう。だがここでは、敗戦後の1940年代生まれの私と田村光男が、一廻り上の大人で、ファンだった中村とうようさんとどのように会い「ウォーマッド横浜」をやることになったのか、という趣旨で書いておく。

私は、1948年3月、東京大田区池上で生まれた。父は大田区の小学校長で、5人兄弟の末っ子だった。5人兄弟というと多いようだが、当時は普通だった。上に3人の姉と一人の兄がいて、全員戦前の生まれである。戦後、世の中が平穏になったので、父が「男が一人では淋しい、もう一人男の子がほしい」といって生まれたので、私と長女は16歳離れ、一番下の姉とでも5歳離れている。

父は、これも5人兄弟の長男で、農家だったが（私から見て4代前に分かれたそうだが、本家は百姓代だったそうで、一応村の役員だった）、本当は大学に行って弁護士か学者になりたかったらしい。だが、下に二人の妹と二人の弟がいたので、諦めて青山師範（東京府青山師範学校、東京学芸大学教育学部の前身）に行き、大田区で小学校の教員となった。父の従兄弟には、文化功労賞と文化勲章を受賞された東京大学法学部教授の石井良助先生もおられ、一緒に勉強した時もあったとのことなので、嘘ではないだろう。

私の家は、4代前に池上の指田の本家から分かれた曾祖父傳次郎（安政年間の生れ）が初代だが、彼には子がいなかったので、近くの村から次男萬吉を貰い、夫婦養子としたのが祖父で、いずれも農家だった。

私から見ての祖父の萬吉は、養子だったので、曾祖父傳次郎が元気な頃は何もさせてもらえなかったのだろう、昭和初期になり、養父の傳次郎が高齢で弱ると自分のしたいことをし始める。母屋が旧池上通りに面していたので商売に好都合と、瀬戸物屋を始めるが、大正末期の不況で大して上手く行かなかった。さらに親戚の借金の連帯保証人になり、それが潰れると自分への負債となり、元々傳次郎が分家したときに持ってきたかなりの不動産を本家に戻すはめになったとのこと。

この時は、温厚な父貞吉も、自己の親を叱り、「明日からは納屋で縄でもなっていろ……」と怒ったとのことだ。昭和初期の日本の恐慌下で、資本主義の悪辣さに疎い農家の悲劇といったというべきか。

父が先生となり、最初に赴任した現在の大田区立新宿（しんしゅく）小学校の前身である蒲田区立新宿小学校時代の教え子には女優の高峰秀子がいた。彼女は、その著書『私の渡世日記』（1976年）では、「指田先生は、私の恩人だ、子役で忙しくて勉強不足の私を絵本などで補ってくれた」と書かれている。だが母に聞くと、父は「俺は、そんな依怙贔屓はしていない。音楽の女性の先生が、高峰を気にいってよく面倒を見ていたので、それと誤解しているのだろう」と言っていたとのこと。当時、松竹蒲田撮影所には、100人くらいの子役がいて、高峰は特別な存在ではなかったのだから、父の言うことは本当だろう。

この頃の蒲田の子役では、トップは高尾光子で、ご令嬢役には加山雄三の母親の小桜京子などがいた。私が映画を観だした1960年代中頃は、松竹は古くさい映画を作っている会社とバカにしていた。だが意外なことに、1920年代に映画製作を始めたときは、松竹は極めて新しい試みを始めた映画会社だった。第1は女優を使い、女形は使わないこと。次には、現代劇を中心とし、旧劇（後の時代劇、チャンバラ劇）はやらないことだった。当時、日活などでは、女優はいなくて女形（監督の衣笠貞之助も、日活時代は女形役者だった）が使われていて、チャンバラ劇が映画の中心だったのだ。だが、この革新的な松竹の制作方針は世の中に受け入れられず、結局は松竹京都撮影所の林長二郎（長谷川一夫）の『稚児の剣法』などの旧劇に依存することになる。また、蒲田撮影所でも、現代劇とは言っても、それは当時一番人気のあった劇団新派の「新派悲劇」の映画が中心であり、そこでは「成さぬ仲」と「継子苛め」が最大のヒット作だったので、多くの虐められる子役が必要だったのだ。

ただ、私が言うのも憚られるが、父貞吉は目鼻立ちの整った、東映の男優、大友柳太郎に似た顔付きで、幼い髙峰さんが好きになったのも無理はないと言える。彼女が好んだ男性は、黒澤明、そして松山善三と、みな色男だからだ。子役時代の高峰秀子の作品はほとんど観られないが、今観られる作品で一番古いと思われるのは、小津安二郎監督の１９３１年のサイレント映画『東京の合唱（コーラス）』である。ここでは、上司と意見の違いで会社をクビになになる父親の岡田時彦の息子（少年役である）を演じていて、とても可愛い。後に父貞吉が、高峰秀子が松竹からＰＣＬ（ピー・シー・エル映画製作所）、東宝に移籍してからの、山本嘉次郎の映画『馬』（１９４１年）を観たとき、「高峰も上手くなったなあ」と言っていたそうなので、記憶にあったことは間違いないだろう。

父の趣味は歌舞伎で、師範学校を出て教員になった後、日本大学法学部の夜間で学んだので、近くの本郷座によく行っていたとのこと。二世市川猿之助らの春秋座、そして河原崎長十郎（かわらさきちょうじゅうろう）と中村翫右衛門（なかむらかんえもん）らの前進座が好みだったようだ。家には手廻しの蓄音機があり、ＳＰレコードもいろいろあったが、中に尾上菊五郎劇団の『与話情浮名横櫛（よわなさけうきなのよこぐし）』があった。十五代目市村羽左衛門の与三郎、七代目尾上梅幸のお富、四代目尾上松助の蝙蝠安の「源氏店（げんじだな／史実は玄冶店）」の場面のＳＰ盤だった。後に私も歌舞伎を観るようになり、この世話物のＳＰを聴くと非常に日常的で自然な台詞廻しで、「これが、六代目尾上菊五郎が目指した新しい歌舞伎だったのか」と思ったものだ。これから分るように、父が好きだったのは、新歌舞伎、あるいは新劇に近い歌舞伎だったようだ。因みに私から16歳上の長女は、「六代目尾上菊五郎の芝居を見たことがある」そうで、まことに羨ましい。それは高校生の時で、１９４８年に父に連れられて東劇（東京劇場）で見たとのこと。当時の歌舞伎座は東京大空襲の戦災で使えず、歌舞伎は主に東京劇場で行われていた。「ただ、声が小さくて、ほとんど台詞は聞こえなかった」とのこと。六代目は心臓を病み、高血圧でもあったので、台詞を大きな声で言えなかったのだろう。

ちなみに、山村聰（やまむらそう）監督には、下山事件（1949年）を題材にした映画『黒い潮』（1954年、日活）がある。この映画では、事件の年に、六代目菊五郎死亡の新聞記事が出てきて「これで歌舞伎もおわりだな……」という台詞がある。だが、歌舞伎が未だに盛況なのはまことに喜びにたえない。

次女は新劇のファンで、劇団俳優座の後援会に入っていた。私は、1961年の初夏、お台場公園で行われた俳優座後援会の運動会に連れて行ってもらったことがある。潮干狩りや運動会などの後、交流会が行われ、司会は時代劇の悪役の横森久で、座内のことを低くて良い声で面白おかしく話していた。その談笑の外にいて、静かに見ていたのが女優の岩崎加根子さんで、「きれいだな」と思った。姉に聞くと「岩崎さんはいつも黙って静かにしている」とのことだった。次姉は、今はテレビでしか芝居を観ないそうだが、「俳優座は、千田是也や安部公房、ブレヒトらの前衛劇で、本当はよく分らなかった。今テレビで観ると民藝や文学座の劇は、分りやすくて良いいわね」とのことだ。

話は余計だが、戦後日本の俳優座、民藝、文学座等の新劇の劇団で一番上だったのは俳優座だったと私は思う。俳優も、代表の千田是也の他、東野英治郎、小沢栄太郎、仲代達矢、平幹二朗、女優でも東山千栄子、岩崎加根子、市原悦子、河内桃子（こうちももこ）などと多彩で、前衛劇から文芸作まで豊富な作品を上演していた。それが今日のようにだめになった理由は、いろいろあるがそれは、後に詳説する。

９歳上の長兄は、大学時代、松竹大船撮影所で、アコーディオンを弾いていた村上茂子さんの楽器運びのアルバイトをしていた。小津安二郎の名作『東京物語』で、笠智衆（りゅうちしゅう）と東山千栄子夫妻が、子供の山村聰と杉村春子らによって追われるように東京から熱海に行き、旅館の喧噪で眠れなくなるシーンがある。その部屋の外の道路で、村上さんは、ギターの男と共にアコーディオンを弾いている方であり、当時は小津の愛人だった。兄は、大船でアルバイトをしていて、所内のダンス・パーティーで岡田茉莉子とダンスを踊ったことを自慢するが、小津の遺作１９６２年の『秋刀魚の味』の、横浜中華街での打上げの集合写真に兄は映っているので、これは本当だろう。撮影終了の打上げに、楽器運びのアルバイトまで呼んでいたのだから、松竹で小津映画は大変に儲かっていたのだと思う。

元は松竹大船の助監督で、日活が１９５４年に製作を再開したとき「監督課長」的な立場で日活に招かれ多彩な作品を作り、さらに東宝でも「百恵・友和映画」を監督し、リメイク映画を多数作った西河克巳、あるいは松竹大船出身の監督、篠田正浩らは、「１９５０年頃は、小津映画は儲かっていなかったのではないか」とＮＨＫ ＢＳの『予告編特集』で言っていたが、それは間違っている。1958年の『彼岸花』は興業収入2億9千万円で、日本映画興業ベストテンの10位、松竹では1位である。この年の1位は、大映の渡辺邦男監督の『忠臣蔵』の4億1千万円だが、2位に田坂具隆監督の『陽のあたる坂道』（4億円）、3位に中平康監督の『紅の翼』（3億6千万円）、さらに7位にも井上梅次監督の『風速40メートル』（3億1千万円）といずれも日活の石原裕次郎主演作品が入っていて、依然として「裕次郎ブーム」は前年から続いていた。石原裕次郎は、1957年も『嵐を呼ぶ男』（井上梅次監督、3億4千万円、4位）、『錆びたナイフ』（舛田利雄監督、2億4千万円、7位）、『夜の牙』（井上梅次監督、2億3千万円、8位）と、本当に日活の「ドル箱スター」だった。このように、日本映画も戦後社会に育ってきた石原裕次郎と小林旭、東映の中村錦之助と東千代介、大映の市川雷蔵と勝新太郎らの新しいスターたちの時代になっていた。

以前、田中真澄編の『小津安二郎日記』を読んだ時、蓼科の小津の別荘、雲呼荘に「村上、牛肉を持って来たので、スキヤキをする」などの記述があった。この人は誰かと調べると、村上茂子さんだった。彼女は、映画の録音の仕事があるときは大船撮影所に行くが、普段は近所で子供にピアノを教えていたとのこと。このころは独身で、浅草の弟夫婦の家に同居していて、戦前に一度結婚したことがあるが、夫は戦死し戦後はずっと独身だったとのこと。「これ、分るでしょう?」　小津安二郎の映画『東京物語』で、原節子が演じた笠智・東山夫妻の次男の嫁の紀子は、村上さんがモデルだと私は確信する。実は、村上さんは1961年の夏頃、池上の私の実家に遊びに来たことがある。洋装で、しゃれた感じだが、威厳があったように記憶している。きれいだった。

私が就職した横浜市役所には、１９７０年代当時、職場には多くの未亡人女性がいた。そのほとんどは「戦争未亡人」だった。１９７０年代も戦争の影は色濃く社会に残っていたのだ。

父は、１９６０年３月、脳溢血で亡くなった。まだ58歳だった。父は、戦争に行っていない。戦時中は、教師から港区役所に異動して視学（旧制度の地方教育行政官）となり区内の小学生の「学童疎開」の計画立案と実施を担当していた。戦時中に、父は二つ「職権乱用」をしている。一つは、次女は学童疎開で富山県などに行ったが、「同じ家で二人も行かせることはない」として長女は行かせず、池上の家で三女や長男の面倒を見させていた。長女によれば、学童疎開に行かない子は小学校に結構いたそうで、大体は障がい児だったとのこと。障がい児（者）は、戦争には邪魔なのだ。もう一つは、戦争が苛烈になり、東京も空襲がひどくなり、母と長女、それに三女は縁故で山形県の上の山市に疎開した。この時、相手側の好意的な申し出によって父は、池上の家に残しておく荷物を港区内のキリスト教の学校、聖心女子学院の地下倉庫に入れた。「コンクリートの地下倉庫ですから、絶対に大丈夫ですよ」との学院職員の申し出に快く応じたのだ。戦争は、総力戦で国民総動員のはずだったが、実際はヤミとコネと顔の時代だったわけだ。

戦後、1946年に父は教職に戻り、江東区の小学校を始めに、主に大田区の小学校の校長を務めた。当時は、文部省の教育現場への介入と指導が次第に強化されていく時代で、組合（日教組）との対立は激しくなっていた。その中で、1958年の夏、国が進める「道徳教育」の教師への講習会の席上、父は壇上で言語障害を起こして倒れ、「脳軟化症（脳梗塞）」とされる。だが、幸いにも夏休の8月を入院しただけで、無事に退院して秋には教職に復帰できた。ただ口が重くなり、性格も暗くなった。父は、一日中ダじゃれを言っているような面白い人だったので、これには幼い私も驚いた。

父が亡くなった時、すでに長女は結婚して男子もいて、次女も高卒後は都市銀行で働いていたが、長男の兄は大学2年生、3女も高校二年、私はまだ小学校6年の3月だった。母は、尋常小学校を出ただけの無学な女性だったが、生活力は大変に旺盛で、父の退職金で空地にアパートを建てて、私たちの養育に当ててくれた。明治の女性はほんとうにたくましい。母は、横浜の鶴見の農家の出で、下に3人の弟と二人の妹がいた長女だった。家の者を面倒見るという長女の責任感か、母はよくいえば他人への面倒見のよい、悪く言えば少々お節介な女性だった。性格は極めて開けっ広ろげで、喜怒哀楽が激しく、すぐに顔に出る人だった。母の趣味も歌舞伎で、晩年には歌舞伎座の株を持っていて、それで毎月観劇に行っていた。その性か、俳優の評価は結構厳しく、テレビを見ても「この女優さんは、随分と器量が悪いね」などと平気で言うこともあった。

家には、居間に真空管ラジオの他、手回しの蓄音機があり、これは戦前に長女と次女が日本舞踊を習っていたので、それのためだったようだが、父の歌舞伎のSPレコードや、私や3女のための童謡のEP盤もあった。一番下の3女の姉は、音楽が好きだったので小学校の先生にピアノを習っていたが、ピアノは高価だったのだろう、家には足踏みの中古オルガンがあった。今考えれば、同じ小学校の音楽の先生にピアノを習うなど大問題だが、当時はまったく問題にされなかった。私の行った公立中学の国語の教師は、自宅で大々的に学習塾をやっていて、教え方も上手な良い先生だった記憶がある。このように公立学校での先生のアルバイトは、普通のことだった。

私たち子供は、ラジオの音楽番組をよく聴いていた。番組の選択権は兄や姉たちにあり、洋画と洋楽が好きだった彼らは「ヒット・パレード」を好んで聞いていた。そこでは何年もの間、映画『エデンの東』のテーマ曲が「今週の第1位」だった。私が好きだったのは、ポール・アンカで、彼の「ダイアナ」を真似してよく歌っていたので、親戚の正月の宴会で歌わせられたこともある。姉たちや兄とは異なり、私は指田家唯一の戦後派で、そこにはある壁があったと今では思うのだ。

小型のラジオを買ってもらい自分の部屋で自由に聞くようになったのは、中学に入ってから。そして、ほとんどは旧ラジオ関東（アール・エフ・ラジオ日本）だった。理由は、ラジオ関東の送信所が多摩川の河川敷にあり、池上からは近くて強力な電波で入って来ていたからだ。よく聞いていたのは「洋楽トップ40」で、中学3の時には、クラスに、洋楽好きの男女6人ぐらいのグループができて、よくヒット・ソングの話をした。クリスマスには女の子の家の空き室に10人くらいが集まり、EP盤を掛けてダンス・パーティをやったこともある。また、高校1年では三浦半島の大楠山にみんなでハイキングに行った。だが当時の子供のことで、「桃色遊戯」にはならなかったことは今考えると大変に残念なことだが。

自慢として書いておけば、私は歌は下手ではなかったようで、小学校6年の時、選ばれて学校から大田区合唱コンクールへの出場のメンバーになった。15人ほどのメンバーのほとんどが女子だったが、私は4人の男の子の一人だった。池上の大田区民会館大ホールで歌ったのは、メキシコ民謡「ラ・クカラーチャ」で、予選敗退だった。なんでこんな誰も知らない曲を選択したのか不思議だったが、担当の若い音楽の先生は、泣いた。私たちは、先生を代わる代わるなぐさめたが、彼女はよほどショックだったのか泣き止まなかった。私が、大人の女性がさめざめと泣いたのを見た初めだったと思う。

この時期は、1960年から1962年まで、ちょうどエルヴィス・プレスリーが兵役で西ドイツに行き、ザ・ビートルズが日本に上陸するまでの短い期間である。ラジオ関東には12時以降に深夜放送があり、12時30分から15分間の番組があった。これは季節番組で、「夏はハワイアン」「秋はラテン」という感じだった。ここで、「ラテン・タイム」をやっていたのが、中村とうようさんで、このせいで私は、中村とうようさんは長い間ラテン音楽の専門家だと思い込んでいた。そこでは、「硝子のジョニー」が大ヒットしていた歌手アイ・ジョージのＤＪのときもあり、女優で当時恋人でもあった嵯峨三智子が出て来て、かなりきわどい大人の会話もあり、相当に問題の番組だったが、深夜なので許されていたのだと思う。

実は、私がこの15分間を聞くのは、その直後の12時45分からの「ミッドナイト・ジャズ」を聴くためだった。当時ジャズ評論家、本多俊夫（サックスの本多俊之の父親で、評論家の前は、ジャズ・バンドのベーシストだった）のＤＪで、15分間ジャズの最新レコードをかける番組があったからだった。

１９６０年代、都会の若者には異常なほどモダン・ジャズが流行っていて、中学生の私も感染していて、「ジャズにあらずんば、ポピュラー音楽にあらず」と思い込んでいた。当時は、石原慎太郎、大江健三郎はもとより井上光晴もジャズに関心を示しており、まったく無関係と思われる倉橋由美子ですら、「ジャズを知らないのは恥と思い、サングラスを掛けてお茶の水のジャズ喫茶に密かに行った」と言うのだから笑えるではないか。高校生になると雑誌『スイングジャーナル』を毎月買うようになる。さらにもう１冊必ず購入していたのが雑誌『映画芸術』で、これには高度な映画評論があったが、それ以上に真ん中にグラビア・ページがあり、内外のヌード写真が豊富にあったからだ。

ラジオ関東で、一つだけ書いておきたいのは「昨日のつづき」のことである。ある夜、家に帰ってきた兄が、「すごく面白い番組がある……」と、三女と私に宣ったのがこの番組だった。平日、夜の10時25分から10分間、青島幸男、大橋巨泉、前田武彦、はかまみつお、永六輔などから男二人、そして相手の女性は女優の富田恵子（草笛光子の妹）だった。内容は、その日その日で異なり、フリーに話すもので、今日テレビで氾濫している「トーク番組」の先駆けになるわけだが、レベルがまったく違った。1960年の安保の話題もあったという話だが、私は聞いていない。ただ、よく覚えているのは、当時大ヒットしていたミュージカル映画『ウエスト・サイド物語』（日本公開1961年）を、永六輔が「そう面白いものではなく、昔のMGMのミュージカル映画の方がはるかに面白かった」と言ったことで、これには驚いたものだ。

この「昨日の続き」は、石原裕次郎と浅丘ルリ子の日活映画、蔵原惟繕（くらはらこれよし）監督の1962年年の『憎いあンちくしょう』で「今日の3行広告から」として取り入れられている。当時の日活は、時代や社会の動きに大変に敏感な会社で、この映画で石原裕次郎が演じた北大作という元詩人のタレントは、永六輔がモデルなのだ。石原裕次郎主演の1962年の戦争アクション映画『零戦黒雲一家』では、永六輔はギャグ監修とタイトルされている。この映画はカラーの大作で、日活の撮影（山崎善弘）、照明（藤林甲）、美術（松山宗）などの各パートのボス連中も、ロケ地の種子島に長期ロケーションに行き調布を留守にした。このとき、日活のスタジオでは、今村昌平の映画『にあんちゃん』のセカンド助監督だった根本悌二を中心に、密かに組合が結成され、これが後の日活ロマンポルノ路線への転換、組合主導の会社経営の第１歩となるが、当時は、まだ誰も想像もしないことだった。

ラジオ関東は、首都圏で最後にできた民放ラジオ局で、洋楽中心に斬新な番組を放送していて、当時の放送作家には向田邦子や五木寛之らもいたそうだ。そして、首都圏最後の放送局として神奈川県横浜市に本社があるというのが免許取得の建前だった。だが番組は、横浜市西区野毛山の本社にではなく、東京港区の麻布台ですべて制作されていた。『ミュージック・マガジン』のライターの一人で、アイルランドやイタリアのポピュラー音楽批評の第一人者である山岸伸一さんは、大学時代にラジオ関東でアルバイトをしていたそうが、それは港区麻布台のオフィスだったとのこと。

さらに、私は１９８０年代に横浜市会議長の公設秘書になり、新任の挨拶で野毛山の本社社屋に行くと、そこにあるのは放置された古びた放送機材だけで、居るのも留守番の老夫婦だけで大変に驚いたものだ。

テレビで中村とうようさんを初めて見たとき

中村とうようさんの姿を最初に見たのは、フジテレビで１９６５年に放送されていた『勝ち抜きエレキ合戦』だった。司会が志摩夕起夫とジュディ・オングで、毎回４組くらいのグループや個人が出て争う番組だった。審査員は、音楽評論家の福田一郎、ピアニストの八木正生、ギタリストの澤田駿吾らで、中村とうようさんも、レギュラー審査員だった。

ある日、ギターを弾き首からハーモニカを掛けてボブ・ディランの曲を歌う若者が出た。けっこう上手かったと思うが、歌い終わると、とうようさんは即座に「歌詞が違うよ！」と大声で指摘した。すると青年は、「横田基地の米兵に教えてもらったんです……」と反論した。今度は、とうようさんは「なにを言っているんだ、彼のレコードの解説は全部、俺が書いているんだ！」と叫んだ。「まあ、まあ……」と司会の志摩さんが中に入って二人をなだめた。素人相手に本気で議論するなんて、中村とうようさんは面白い人だなと思ったものだ。

兄は、都立高校時代は硬式野球部員で、3年夏の高校野球大会の東京都予選で巨人のホームラン王になる王貞治がいた早稲田実業高校と対戦したそうだ。だが、弱小の都立高校相手に、王投手（王は、元は左投手で、巨人に入ったときも最初は投手だった）は出てこず、2番手投手・河原田明が出てきたが、手も足も出なかったとのこと。河原田も、高卒後に東映（日ハム）に入って一軍で8試合登板しているので、それなりの左腕投手だったのだが。

大学では兄はハワイアン・バンドをやっていて、スティール・ギターを演奏するなど、かなりのめり込んでいた。私も兄にならってウクレレをやり、唯一私ができる楽器になった。毎土曜日の夜、ハワイから「ハワイ・コールズ」がFENで放送されていて、これをオープン・リールのテープレコーダーに録音したりした。

映画や音楽のこと〜中学から高校生活へ

小学校の時、東急電鉄の池上駅近くに映画館、池上映画劇場ができ、ここへは一番下の姉（３女）によく連れて行ってもらった。最初は、東映と東宝の系列館だったので、美空ひばり・江利チエミ・雪村いずみの３人娘の１９５５年の『ジャンケン娘』、東映のシネマスコープ第１作の大友柳太郎主演の『鳳城の花嫁』（１９５７年）などはここで観た。

兄とはそこで東宝の１９５７年の稲垣浩監督の『柳生武芸帳』を観たことをよく覚えている。中村扇雀（坂田藤十郎）が女に化けて敵陣営に入るために、歯を熱した刀で切り取るシーンがあり、異常に怖かった記憶がある。去勢の恐怖はまだなかったと今も思っているが。後に、池上にも池上東映ができ、第二東映の『特ダネ30時間シリーズ』の１本を、買物帰りの母と見たが、中身はまったく覚えていない。池上劇場は東宝と大映の館になり、そこでは市川崑の１９６０年の映画『おとうと』を見て、随分とシャレた映画だなと思ったものだ。

３女の姉とは、東宝の空想科学映画も見に行き、１９５６年の本多猪四郎監督の『空の大怪獣・ラドン』は非常に怖かった記憶がある。姉は、雑誌『ジュニア・ソレイユ』を愛読していたので、夏木陽介らのファンの一人として東宝を見に行ったのではないかと想像する。続いて、一人で見に行って完全に洗脳されたのが、１９５７年の本多猪四郎監督の映画『地球防衛軍』で、この地球侵略者・ミステリアンの「地球のみなさん……」の独特の台詞廻しは家に帰ってから、家族の前で何度も真似してみせたほどだ。ミステリアンは変な連中で、核実験で衰えた自分たちの肉体を回復させるために、日本の若い女の体ばかりを襲う、変質的な侵略者なのだ。

映画については、池上のすぐ近くの蒲田には映画館が沢山あったので高校になるとよく行った。東口の洋画館の蒲田国際では、北朝鮮のマス・ゲームを撮ってきた宮島義勇監督の記録映画『千里馬』などを見た。西口の蒲田パレス座は、新宿や渋谷にあったパレス座の系列で、日活の2番館だった。1960年代当時、映画界は次第に不況となり、製作本数を減らしていたので毎週順番に上映する新作に不足し、数か月に一度くらいは、「石原裕次郎週間」とか「小林旭週間」、「赤木圭一郎週間」といって旧作を3本立てで上映していた。おかげて私は、比較的古い作品を観ることができた。

中学3年の同級生の音楽好きの仲間の一人に仁多見弘一君がいた。彼は映画も大好きで、彼から吉永小百合を教えてもらい、彼が「今まで見た映画で一番最高だった!」と言った1963年の日活映画『泥だらけの純情』を私も観て、相当に良い映画だと思った。横浜山手の外交官の娘、吉永小百合と新宿のヤクザのチンピラ、浜田光夫との悲劇で、実際にあった心中事件をヒントにしたもので、中平康監督の作品では最高だと思っている。私は、一部のファンが言うほど中平康作品を買わないが、この作品や1958年の『紅の翼』、1961年の『あいつと私』などの娯楽作は良いとして評価している。

仁多見君はジャズも大好きで、高校は品川区の都立八潮高校に入った。私は、中学の担任が薦める日比谷高校ではなく、東京都第1学区では2番目の小山台高校に行った。ラジオ少年だった私は、作家の北杜夫に憧れていて、無線技士になり彼のように船に乗って（彼は医者だったが、到底私には無理だと思い無線技士にした）、どこか外国に行きたいと思っていたからだ。日比谷よりも小山台の方が、技術者向きの高校とされていて、東京工業大学の進学率ではずっと全国1位だった。後に田村光男を知って（彼は都立日比谷高校）、この選択が大間違いだったことが分った。小山台に入った時（100番くらいだった）、驚いたのは生徒は優秀でまじめだが、勉強以外は他に興味がほとんどなく、文学、音楽、映画等の芸術、さらに政治などの文化全体にまったく関心がないことだった。簡単に言えば「文化音痴」なのだ。

2年上の学年にいたという菅直人元総理大臣は文化音痴の小山台生の典型である。彼が鳩山由紀夫首相の後に首相になったとき、彼は官僚の言いなりと批判されたが、元々小山台生は官僚や企業の技術者になる者が多く、彼らに親和的なのは当然なのである。私は、学校が終われば、本屋、レコード屋、喫茶店、時には映画館に行く。だが、他の彼らは、すぐに家に帰ってのお勉強で、それ以外に何もしてないらしいことがわかった。その時思った。「この連中と争っても無駄だ、私は彼らがやらない別のことをしよう」と。

私の「ニッチ人生」の始まりである。

仁多見君や私のジャズ熱が最高に高まった、高校2年の1964年の7月、東京と大阪で、「第1回世界ジャズ・フェスティヴァル」が開催され、彼と一緒に銀座のプレイ・ガイドに行き、切符を買った。新宿の東京厚生年金会館大ホールのコンサートの2階席である。

この年は、10月に東京オリンピックが開催されたので、1月のアルゼンチンのギター奏者、アタウアルパ・ユパンキを最初に、アメリカのフランキー・レイン（4月）、ジャズのデューク・エリントン、ローランド・カーク（共に6月）、ソウル・シンガーのレイ・チャールズ（8月）などの多くの外国人タレントが来日した。中でもこの「世界ジャズ」は、『スイングジャーナル』でも大々的に宣伝され、「これを見なければ、ジャズ・ファンではない！」のように書かれていた。

7月14日夜の当日は、最初に日本から松本英彦クインテット、次に女性ボーカルのカーメン・マックレー・トリオ（ピアノはトミー・フラナガン、ベースはポール・チェインバース、ドラムスはコニー・ケイだったと記憶する）、トロンボーンのJ・J・ジョンソン・オールスターズらが出たあと、マイルズ・デイヴィス・クインテットになった。

この時期のマイルズは、メンバー交代が頻繁で、テナー・サックスはサム・リヴァーズという黒人奏者で、観客はほとんど誰も知らず、司会の、いソノてルヲが彼の名前を呼んで初めて知ったくらいだった。このとき、ドラムスの10代のトニー・ウィリアムズの細かいビートのドラミングに私は驚いたが、仁多見君はもっと感動したようで、本気でジャズ・ドラマーになるために高校を中退してしまった。演奏は、ドラムスのトニー、ベース（ロン・カーター）、ピアノ（ハービー・ハンコック）の3人でほとんどやって、彼らとサムの長いアドリブが終わると、ようやくマイルズが出てきて、数分間演奏してさっと消えるという感じだった。これは、後にLP『マイルス・イン・トーキョー』となり、1960年代に東京のジャズ喫茶に行くと、1日1回は必ず掛かる名盤となる。私には、その夜の帰りに、池上線五反田駅の高架のホームから見た、火事の大きな赤い炎の方が記憶に残っている。大井勝島の宝組倉庫の爆発火災事故だった。翌週、新宿東宝の地下の小さな映画館の新東地下に、ポーランドのアンジェィ・ワイダ監督の『灰とダイヤモンド』を見に行くと、ニュース映画で火災の様子を上映していた。

私が、音楽と映画の他に夢中になったのはテレビで……本当にテレビっ子だった。母の一番下の弟、つまり叔父が東芝の川崎工場で働いていたので、アイロン、洗濯機、電気冷蔵庫もすべて東芝製で、テレビも東芝だった。家にテレビが来たのは、1957年7月だと思うが、当時10歳上の従兄弟のNさんがいた私の本家（父の弟の次男の方が当初は、その店で働いていて、後に聟養子となり結婚されて息子を作るが、上海事変で戦死したので、その一人息子Nさんと、私たちは従兄弟同士なのだ）は、東急池上線の池上駅前で呉服屋をやっていた。

その祖父で店主の方は商店街の役員をやっていたので、本家にはテレビが早くからあり、毎週土曜の夜8時、私は居間に一人でテレビを見に行っていた。日本テレビの『のりちゃんの喜劇教室』である。三木のり平に、毎回ゲストが混じるという30分の喜劇番組だった。今でもよく覚えているのは、ある年の2月11日の「紀元節」の週の放送で……南島に残っている三木のり平と有島一郎の残留日本兵がいる。紀元節なので、二人は「紀元節」を歌う。「雲にそびゆる高千穂の……」だが、次の歌詞を忘れていて、何度歌っても最後は「……カラスと一緒に帰りましょう」になってしまうコントだった。

このように当時のテレビ関係者は、ほとんどが反戦・反権力で、政府の御用作家などは一人もいなかったと思う。

指田の家には「家（うち）の祖先は、日蓮上人に従って身延山から池上に来た」という言い伝えがあった。1991年春に横浜市から派遣されて英語の研修に（財）国際貿易研修センターに3か月間行った。当時、静岡県富士宮市の上井出（かみいで）にあった財団の事務職員の多くは、地元の人から雇用されていた。ある人から「指田という名前は、この辺に大変に多いですよ」と言われた。となると私の祖先は、鎌倉幕府の圧力で身延山から、池上に逃げてきた日蓮聖人に付いて来た者という言い伝えは、正しいのだろう。父は大学も出た一応インテリで、外では背広を着ていたが、家に戻ると和服に着替えていた。ロシア語の通訳で有名だった米原万里の父親の衆議院議員も務めた米原昶（よねはらいたる）は、バリバリの共産党員だったが、下着は褌だったそうで、父もそうだった。また母親は、夏の暑いとき以外は、和服が多かった。私の見るところでは、日本映画では、1960年代中頃まで、女性役は独身時代は洋装だが、結婚する着物になるという約束事があった。1953年9月公開の大ヒット映画『君の名は』では、主人公の氏家真知子役の岸惠子は、後宮春樹役の佐田啓二と数寄屋橋で会い愛し合っている間は、洋装で有名な「真知子巻き」きだが、川喜多雄二と嫌々ながら結婚して家に入った途端に和服に代わる。明治の開国以降、日本と日本人は社会的、世間的にはほとんど西欧化したが、日常生活の根底部分は、依然として江戸時代以降と同様だったということだろうか。

毎週土曜日に一人で本家にテレビを見に行っているので、可哀想だと父は思ったのだろうか（あるいは母が心配して父に言ったのかもしれない）、家にも東芝のテレビが来た。最初に見たのは、「日・米・豪・３国対抗水上選手権大会」で、神宮プールからの生中継だった。

そして特に好きになったのは、日本テレビの『花椿ショウ・光子の窓』で、これは『シャボン玉ホリデー』の前のシリーズである。『光子の窓』は、女優の草笛光子が主人公の、毎回テーマが変る番組でバラエティ・ミュージカルだった。作者は青島幸男、永六輔、前田武彦らだったが、時には劇作家の矢代静一（女優の毬谷友子の父親で、女優の山本和子と結婚されていた）、西島大（『嵐を呼ぶ男』の脚本家で、劇団青年座で「60年安保闘争」のことを題材とした『昭和の子供』などを書いた）らの時もあった。司会はだいたいハナ肇か小島正雄だった。

覚えているのは、同番組のスペシャル版。三木鮎郎とキノトール作の「イグアノドンの卵」である（1960年に芸術祭奨励賞を受賞）で、これは小島正雄の司会で、あるミュージカル劇団が飛行機事故で南方の島に不時着し、そこで新作を作ると言う筋立てだった。「……あんた泣いてるね、だから言ったじゃありませんか。清水港はマカロニ・グラタン、蛙（かわず）飛び込む水の音」がテーマ・ソングで、そのメロディーも覚えている。

「世界ジャズ・フェスティバル」に戻る。

高校生の私には、マイルズ・デイビスの新しさはよく分からなかった。雑誌『スイングジャーナル』の評論家たちも同じようで、公演が終わったあとの翌月の同誌を読むと、さすがにマイルズの悪口はなかった。だがそれ以外のミュージシャンたちは、例えば「J・J・ジョンソン・オールスターズなんてなんだ、1950年代のスイング・ジャズじゃないか！」などと、来日前の評価を覆すように座談会で酷評してあった。

この時、高校生ながら私は思ったものだ、「この雑誌の記事は、公正なものでも読者向けでもなく、コンサートのチケットやレコードを売るための宣伝にすぎず、ラジオ、テレビなども、みなそのグルにすぎないのだ！」と。

世の批評家たち、さらに大人たちを私が信じなくなった始めだった。

私が最初に買ったレコードは、中学2年でEP盤「パペーテの夜明け」だった。これは19

57年のイタリア映画『最後の楽園』のテーマ曲で、映画は見ていないが口笛のきれいなメロディが好きだった。また、当時クラシックで好きだったのもアルバート・ケルビー作曲の「ペルシャの市場にて」で、いずれも太平洋とアラブで、この頃からワールド・ミュージック的なものが、心の底では好きだったのだろうかと今にして思う。「パペーテの夜明け」の映画『最後の楽園』といい、イタリアのいわゆるモンド映画は、1962年の『世界残酷物語』のテーマ曲「モア」といい、美しいメロディの曲を使っているのは、大変に興味深いことである。

最初に買った30センチLP盤は『ヘンリー・マンシーニの映画音楽』で、「ムーン・リバー」と共に、テレビ映画「ピーター・ガン」のジャズ的なカッコ良さにしびれた。また、日本映画では大島渚の1960年8月の映画『太陽の墓場』が好きだったが、ここでもいつも観るたびに気になったのは、主人公の佐々木功が、友達の中原功二を大阪城近くの空き地で殴り殺すシーンのバックに流れるトロピカル風の曲だった。音楽の真鍋理一郎は、「大阪はアジア的なので（インドネシアの）ガムランを使った」と言っており、私は当時から南方的なものに興味があったんだなと思う。『太陽の墓場』を見ると、大島の誇張した描写の性もあるが、この頃の大阪は、ほとんどアジア的な都市だったたと思う。

そして高校では、母や2番目の姉からもらう小遣いでジャズの中古LP盤を買うようになった。自由が丘と川崎、さらに大井町にあったレコード店ハンターで、モダン・ジャズの名盤を買った。ソニー・ロリンズ、MJQ、マイルズ・デイビスらだが、当時から好きだったのはデユーク・エリントンで、1966年の来日公演も見に行った。その前に「テイク・ファイヴ」で大人気だったデイヴ・ブルーベック、まだファンキー・ブームの名残がまだあり、何度目かの来日をしたアート・ブレイキー&ジャズ・メッセンジャーズの1965年の正月公演も、仁多見君と見に行ったが、ともに、今はないサンケイ・ホールだった。

高校のクラブ活動のことも書いておけば、最初は放送班に入った。都立小山台高校のクラブは奇妙な名称で、まず、大きく運動部と文化部に別れていて、その下に各班のクラブがあった。運動部野球班とか、文化部放送班というように班を呼称にしていた。「まるで陸軍の内務班みたいだ」と笑ったものだ。

中学の時はラジオ少年だったので、ラジオの製作を含む放送部にいたので、高校でもそのまま文化部放送班に入った。そこは、ラジオなどを組み立てるメカ好きの少年たち（この班には後のトリオ、ケンウッド、当時は春日無線の社長の息子・春日少年もいた）と、校内放送をするアナウンサー志望の少女たちに別れていて、最後はどちらに属しようかと迷っているとき、「仁多見が演劇部に入った……」と聞く。非常に内気な感じにみえる彼が演劇部とは意外だったが、ジャズ・ミュージシャンを志望したのだから、彼の内部には強い表現意欲があったのだろう。世の中には一見内気に見えて、実は強い表現意欲のある人間がいるもので、私は後に演劇の世界でそういう人に沢山出会ったが、三島由紀夫はその典型だと思う。これに刺激され、私も小山台高校の文化部演劇班に入った。

演劇班は10人ほどの小班で、３年が男女で二人、２年は男女で６人、１年は私を入れても４人、しかも男は一人だけで、大歓迎された。これが「演劇への悪の道の始まり」になるとは思ってもみなかった。１年の秋の文化祭の時は、シェークスピアの『夏の夜の夢』で、２年の時は芥川龍之介の南蛮小説『奉教人の死（ほうきょうにんのし）』を３年生が劇化した作品で、どちらにも私は役者で出た。小山台では、「クラブ活動は２年までで、３年は受験勉強に……」となっていた。

前に、１００番くらいだと書いたが、小山台高校は、元は東京府立八中で、男子校だったが、戦後は男女共学校になっていて、私たちの学年は異常に多くて約５００人。なかで１番から３５０番くらいまでは男子、それから下は、大体女子となっていた。私は落第しないように、大体２００番くらいになるよう「調整」して勉強していた。と言うのも当時、都立高校には落第があり、２年と３年ではその分の補欠合格を取っていたからだ（実際は、落第はさせず他の私立高校に転校させていた）。映画監督の山田洋次や元首相の菅直人は、この補欠で入学したのだから成績は大変に良かったと思う。われわれ普通の都立高校の入学試験は、２倍に行かない程度の倍率だったが、補欠は30人くらい受けて若干名の合格だったので、編入試験の倍率は比較にならない高いものだった。

私の得意は日本史と国語で、英語は苦手だった。さらに、数学と化学はまったくだめだったが、物理はなんとかなった。英語について自慢しておけば、津田塾大出の女性のN先生がいて、2年のある時に読解を当てられた。1ページくらいを訳すのだが単語が随分と分からなかったが、想像で補って適当に訳して言ってみた。するとN先生は、「単語は大変に間違っているけど、指田くん、あなたは演劇などやっていて、想像力が豊かなので、意味は大体合っているわ、それで良いのよ……」と褒められた。現代国語では、試験に田村隆一の現代詩を問題に出した教師がいて「星の決まっている者は振り向かない、とは何か」の設問があり、私は「戦争で死んだ者のことだ」と書き、教師を驚嘆させた。当時から、現代詩の『荒地詩集』などを読んでいて、荒地派の詩人として田村隆一、鮎川信夫、さらに吉本隆明も高校2年の時に読んで知っていたからだ。吉本は、『マチウ書試論』（未来社）などでの抒情的な詩人だと思っていたので、彼が本当は過激な思想家だと知って非常に驚いたが、高校3年までに彼の本はほとんど読んでいて心酔していた。同時に大好きだったのが、記録映画監督の松本俊夫の映画評論で、『映像の発見』（三一書房）のいくつかの評論文は、ほとんど暗記するほどだった。ただ、高校3年、1965年の夏のこと、彼が1960年に総評から依頼されて作った日米安保条約反対のPR映画『安保条約』を、ある政治集会のイベントで観た。あまりの表現の稚拙さとメッセージ性の単純さに「これが、あの松本俊夫の映画なの！　世の中には眼高手低（がんこうしゅてい）が本当にあるのだ」と思ったものだ。

仁多見が入った都立八潮高校の演劇部の1年上には、後にテレビアニメ『機動戦士・ガンダム』のセイラ役で人気となる井上遥こと漆川由美がいた。彼らの1963年の秋の文化祭での公演を観たことがあり、チェーホフの『記念祭』だった。観劇後、その演劇部にいた同じ中学の同級生の女性に、私は「漆川由美という女性が一番上手いね」と言ったとのことだ。30年後にその彼女から話を聞かされて大変に驚いた。なにも覚えていなかったのだが、その頃から漆川は目立っていたのだろう。彼女とは、なんと大学で同じ劇団になる。彼女は、大学では1年学年上にいて主演クラスの女優の一人だった。

2年でクラブ活動は終わったので、3年からは受験勉強に行くはずだったが、そうはならなかった。小山台高校の図書室には、今はない過激な読書紙の『日本読書新聞』が置いてあり毎週愛読していたが、1965年の夏、ある過激派の機関紙の広告を見た。私は、すぐそこに電話して、土曜日の午後、水道橋の事務所に行き、そこの高校生組織に加入することにした。と言って日本共産党のように「加入届」を出すというものではなく、当分活動に参加してくれと、次の予定を教えてもらったくらいだ。

演劇や映画の道へ進むと、心に決めたはずだったが

1965年の日本の最大の政治的課題は、日本と韓国の友好条約、日韓基本条約締結の是非で、佐々木更三委員長の日本社会党は反対で、国会で揉め始めていて、私も日韓条約締結阻止

の高校生運動に参加することになった。
運動と言っても、当時は条約の問題点の勉強会や反対集会、そして平穏なデモへの参加程度で、後の過激派の運動から見れば、実に穏健で平和的なものだった。その１９６５年の夏、東大駒場のどこかの会議室で行なわれた、その党派の討論集会では、春の慶応大学の学費闘争のことが盛んに議論されていた。早稲田の連中が慶応を大いに批判し、「早慶戦か……」と笑いが起きた。その時、慶応側にいて一人防戦していたのが、経済人類学者になった栗本慎一郎で、後にテレビで見て、「あのときにギャアギャア反論していた慶応の奴だな」と思ったものだ。

秋に盛り上がった日韓闘争は、12月に椎名悦三郎外務大臣が韓国に行き、12月18日に条約に調印して終わった。これでやっと受験勉強に専心できることになった。小山台では、３年生は、３学期は学校に来なくても良いことになっており、１月５日から猛勉強した。１日10時間以上はしたと思う。私立文化系で、国語、英語、日本史だけなので、それぞれの簡単なテキストを覚えることに専心した。その結果、早稲田大学教育学部英語英文学科になんとか合格できた。浪人は覚悟で、小山台高校が学内に特別に作っていた「補習科」（「４年」と言っていた）に申し込んでいたが、その金を払わずに済んだのは、母へのささやかな親孝行だったが、大学では２年留年してしまい、大変な親不孝者となってしまう。

大学に入り、憧れの早稲田大学映画研究会に４月すぐに入った。４年生にいたのが、テレビ朝日で『おかしな刑事』を監督している梶間俊一さんで、当時は大変に鋭い論客だったので、娯楽作品専門のテレビ映画監督となるとは意外。だが、その頃の早稲田の映研は映画を観て、お話しをしているだけだった。と言うのも、２年前に全員がアルバイトをして金を集め16ミリカメラを借りて自主映画を作った。だが、デキが悪く内部でも評価が低く、その性で「もう映画製作はこりごり」という気分で全体に非常に低調だったからだ。

私は「若者は肉体を駆使するべきだ」と思い、大学内の劇団に入ることにした。映研の同学年にはアニメやテレビの脚本家になった金子裕君もいたが、彼も、現状に飽き足らず映研を出て、ピンク映画などで脚本や助監督のアルバイトでするようになる。また、私が映研をやめて、秋に偶々遊びに行ったとき、逆に入会に来たのが、後に監督となる石井隆で、「属していた早稲田のシナリオ研究会が完全に革マルに乗っ取られて嫌になったので来た」と言っていた。当時は、ピンク映画のカメラマンをしていると言っていたが、随分と年取った人に見えた。

早稲田大学劇団演劇研究会（劇研）でのことは山ほどあるが、「２浪して8年生だったので、この時すでに28歳」という林裕通さんに出会ったことが最大の事件だった。１９５８年４月に栃木県の県立高校から早稲田大学政治経済学部に入学した林さんは、１９６０年６月15日に国会にいたという人だった。伝説の「６・15」（全学連が国会構内になだれ込み警官隊と衝突した日）の体験者に会うとは本当に驚いた。高校時代の政治組織の幹部に、そうした人はいたはずだが、雲の上の存在だったので、高校生の私には縁がなかったからだ。

林さんからは、吉本隆明や田村隆一らの現代詩のこと、モダン・ジャズのこと、私はまったく知らなかったルドンやブレイクなどの画家のこと。実際の芝居の照明や大道具のこと、大隈講堂の緞帳の上げ下ろし方。さらには劇団早稲田小劇場（私が、入学した1966年秋にできた、現SCOT）の演出家の鈴木忠志が、学生劇団自由舞台での役者時代の演技が下手だったことなどを教えてもらった。ジャズでは、オーネット・コールマンがお好きで、共演者で夭折したエリック・ドルフィーを「青春の輝きと悲しさだね」と言いきり、ジャズを我がこととして批評するのに驚いた。こんなことは『スイングジャーナル』のどこにも書いていなかったからだ。

1960年の「6・15　国会南口通用門事件」のことを聞くと、当時は国会の近くの国立劇場建設予定地に集まって集会をして、そのまま国会に突入したとのことだった。その頃、あの辺りは敗戦後のガレキの広場のままだった（市川崑監督の1954年の映画『億万長者』で主人公の久我美子が瓦礫の上で「原爆を作りましょう」と叫んでいるシーンがある）。だがその後、豪壮で人を威圧する最高裁判所と立派な国立劇場ができ、同時に都条例で規制が厳しくなり、1960年代中頃には国会近くで集会を開くことは禁じられていた。

私は、劇研での芝居が大変に面白く、大学はいずれ中退し、演劇か映画のプロの道に進むつもりだった。ところが2年生の夏に大田区の集団検診で、母親に胃ガンが見つかり手術になる。

医者は言った「3か月は持たしてみせるよ……」。

小6で母子家庭になり、この上に母がいなくなったら、どう生きていけば良いのか。臑（すね）をかじる相手がいなくなる。翌年の春から大学の授業に戻り、3、4、5、6年生で卒業した。1、2年で取った単位は8単位しかなく、実質的に4年間で卒業したことになる。その後、母は元通りに元気になり、約30年生きて、私の子供の顔も見ることができた。私を演劇からまともな道に戻すために母は胃ガンになったことになるわけだ。

就職はどうするか考え、「地方公務員と言う手もあるな……」と思い、横浜市役所を受けたら合格した。だが最初の職場、市会事務局庶務課には参った。市会議員のお世話が主なお仕事で「黒も白も、先生方の言うとおり」の任侠映画のごとき世界だった。2年後に大学の後輩らと自分たちで劇団を作り4年やったが潰れ、今度は係長試験を勉強した。泣き泣き地方自治法や地方公務員法などを初めて勉強して係長試験に合格した。これで市会事務局からようやく出られると思ったら、今度は新設の市会議長の公設秘書にさせられて4年半勤めることになった。

モダン・ジャズから、民俗音楽やロックへ関心が広がって

この間、音楽的にはモダン・ジャズから次第に離れ、民俗音楽やロックに興味が移り、雑誌『（ニュー）ミュージック・マガジン』も買うようになった。その頃も映画が好きで、大映の

『でんきくらげ』の増村保造、『ある殺し屋』の森一生、東映の『三代目襲名』の加藤泰、さらに日活の『憎いあンちくしょう』の蔵原惟繕らが相変わらず大好きで、流行の情報誌『ぴあ』を見て名画座をめぐっていた。当時は、東京、横浜にも沢山の名画座があり、新旧の作品を上映していた。そして、あるとき、『ぴあ』を見ていたら「とうようのレコード寄席」というのがあった。当時は劇団が潰れて、一人で映画やテレビ向けのシナリオを書いて雑誌に投稿していたが、私は喜劇が書けず苦労していた。「寄席とは、お笑いのことだ」と思い込み、喜劇の勉強になると1980年の夏、テクニクス銀座に行った。それは、レコード・コンサートだった。構成は、その時々で変遷があったようだが、当時は、まず注目盤数枚の紹介の次に、「ポピュラー・ミュージック・クロニクル」という1950年代の特定の年のレコードを何曲か掛け、最後に今月の推薦盤を掛けていた。全部で20曲弱、その解説が非常に面白く、音楽への知識、さらにそれ以外の分野への教養の深さと広さに驚いた。

例として、1980年10月19日のプログラムを上げる。とうようさん自身の手になる筆記のコピーで、彼は、失職時代に筆耕（ガリ版切り）で生活していたとのことで、字も絵も上手だった。最初が注目盤で、ブラジルのミルトン・ナシメント、次にアメリカのジョニ・ミッチェル、アルバータ・ハンターら。「クロニクル」は「1959年」で、キューバのオルケスタ・スブリーメの「ラ・パチャンガ」、そしてカリプソ歌手として有名になったハリー・ベラフォンテの「メルシー・ボク」。最後の推薦盤は、ザ・ポリス、XTC、そしてトーキング・ヘッズだった。そのとき、あらためて「世界にはいろんな音楽があるんだなあ」と思った。そして、これが、あの「勝ち抜きエレキ合戦」で、素人相手に議論していた中村とうようさんなのか、と。

当時のお話でよく覚えているのは、中村とうようさんが最初にＬＰレコードの解説を書いたのは、ハリー・ベラフォンテの１９５８年の『ベラフォンテ・アット・カーネギー・ホール』で、それを掲げて見せて「神棚にでも飾っておかなくてはいけないんだが……」と言った。そして、ベラフォンテが１９６０年に来日した時、とうようさんはコンサートの司会をやったが、ベラフォンテは「公演の収益をどこか日本で民族音楽を研究している団体に寄付したい」と言った。そこで、当時、日本で民族音楽を研究している唯一の団体であった東洋音楽学会に、町田嘉章会長（民謡の研究の大家で、テレビで民謡歌合戦の審査員もやっていて「チャッキリ節」の作詞者でもあった）と一緒に寄付しに行った、と。町田先生は「とうよう君、こっち、こっち」と自分の方が相当に年上なのに大声で電車の席を取ってくれたことなど。

また１９６０年代から、とうようさんは全国で労音（勤労者音楽協会）のコンサートの司会をやっていたが、１９７１年に、ゴスペルの女性シンガー、マヘリア・ジャクソンが来た時、コンサートの司会をした。マヘリアを知らない観客に向かい、とうようさんは、アメリカの黒人の悲惨な歴史を話した。すると客は感動する。次の会場では、もっと悲しい話をすると、観客はもっと感動して泣く。「これでは、いったい客は、マヘリアの歌に感動しているのか、あるいは俺の話に感動して泣いているのか分らなくなった」とも言っていた。

私も同様の体験がある。スピルバーグの1993年の映画で『シンドラーのリスト』があり、当時は横浜で一番大きな映画館だった関内の横浜東宝に観に行くと、観客は皆泣いている。悪くない映画だとは思うが、「この泣いている人たちは、スピルバーグの映画に感動しているのか、それともナチスに残虐行為を受けたユダヤ人の悲劇に同情して涙を流しているのか」と思ったものだ。演出家の鈴木忠志も言っている。「日本の演劇、特に新劇は、作品のテーマや思想で感動させていたが、これは基本的に間違いで、演劇では役者の演技に感動させるべきだ」と。

こうして、中村とうようさんなら信頼できると思い、原稿を書いて翌月に持って行った。1982年の秋、それは『伊福部昭の映画音楽』で、ちょうどキング・レコードから10枚組のLP盤の全集が出たときで、これについて原稿用紙20枚くらい書いて、「レコード寄席」が終わったときに手渡した。「ああ、伊福部さんね……」と言われ受け取ってもらった。それは採用されなかったが、さらに演劇などの批評を送ると、3本目が採用されて、編集部の藤田正さんから電話をいただいた。それは1982年6月で、蜷川幸雄と清水邦夫の二人が新宿文化での公演『泣かないのか?泣かないのか一九七三年のために?』(1972年、櫻社)で別れて以来、10年ぶりに再会した日生劇場での公演『雨の夏、三十人のジュリエットが還ってきた』だった。以降毎月、私は演劇や映画の批評を書くようになった。

中村とうようさんからは、けっこう評価してもらったようで、演劇以外でも、ランディ・ニューマンが１９８３年３月に新しいLPを出したときに、とうようさんのご指名で、彼について長い批評を書いたり、別の雑誌『レコード・コレクターズ』でも、１９８５年６月に、ジャズの女性歌手アニタ・オディの生涯についての評論も書いた。

『ミュージック・マガジン』の毎月の批評で私が書いたもので、一番覚えているのは、民音のコンサート、１９８２年11月の『服部メロディ・イン・ジャズ』である。先日亡くなられた瀬川昌久さんの演出で、戦前、戦中からの服部良一作曲の「胸の振子」「アデュー上海」等の名曲をペギー葉山などが歌った優れた公演で、大変に面白くて、そのむね書いた。この頃から、私は、日本の戦前の昭和初期には、ジャズ、ミュージカル、トーキー映画、雑誌など、西欧的な大衆文化が、日本の大都市では成立していたことを再認識するようになった。また、このころから、とうようさんを初め『ミュージック・マガジン』のでは、アジア、アフリカ等の音楽の記事が多くなり、読者の一部からも「意味が分るのか」との意見があったのだろう、とうようさんは、「歌詞や言葉が分らなくても、歌や音楽の言いたいことは分る、言葉が分るとかえって邪魔になる」と言っていた。私も、その通りだと思うようになった。

そして、中村とうようさんと一層親密になったのは、１９８３年11月の私の結婚のとき、新婚旅行にインドネシアのバリ島に行ってからだ。当時、とうようさんの影響で、私たち『ミュージック・マガジン』の愛読者では、アジア、アフリカ、ラテン・アメリカ等のポピュラー音楽への感心が高まっていた。だが当時、それらの音楽は日本にほとんど輸入されておらず、現地に行って入手するしかなかった。バリ島で、私は20本以上のカセットを買った。妻は、インドネシア音楽に興味はなかったが、シンガポール・ツアー付きで、買物ができることで勘弁してもらった。そして、10本くらいのカセットを中村とうようさんに送った。中には、小型ガムラン・グループの「ガプーラ」のカセットもあり、とうようさんは、大変に気に入られて、後に自分のレーベル「スープ」でLPとして出すことになる。このように当時は、カセットやCD、LPを互いに交換してアジア、アフリカ等の音楽を漁っていたのが実情だった。

横浜での結婚式には頼むと出席して祝辞を述べてくれた。

「みなさんはご存じないだろうが、指田君は、私の雑誌の書き手で、大変に筆の立つ人なので、ぜひそうした才能を生かす仕事をさせてほしい」と大変に褒めてくれた。

当時私は、港湾局振興課振興担当係長で、文化、芸術とはまったく無関係な部署にいたからだ。それは、1983年11月上旬のことで、みなとみらい21の起工式（横浜市都市計画局）と埋立事業の礎石鎮定式（横浜市港湾局）を、それぞれ別々に行なわれるという、国での運・建戦争（運輸省と建設省の縄張り争い）がまだ激しくて、露骨に争いをやっている時代だった。

そんな中村とうようさんと、しばらくして一緒に、「ウォーマッド横浜」をやることになるとは、当時はまったく夢にも思ってもいないなかった。

フェスティバルの遠景・河内家菊水丸社中（菅原光博、1992年）

あとがき

指田文夫

２０１５年3月、その前年の11月に亡くなった田村光男の「魂呼《たまよ》ばり」の会のときに、チェコ共和国の初代大統領、ヴァーツラフ・ハヴェル氏の名前で弔電が届いた。田村は、同国のビロード革命（１９８９年）以前の１９８０年代にチェコへ行き、田中泯さん舞踊公演を開催した。そのときの劇場の代表が、当時、反体制派として活動していたハヴェル氏だったのである（ハヴェル氏御自身は２０１１年12月に死去）。

田村の死は突然で、大変に私は驚いたものだ。それは、２０１１年7月の中村とうようさんの訃報のときも同じだった。このとき伊勢神宮にいた私は非常に驚いたが、二人の死によって「いつか『ウォーマッド横浜』のことを記録せねば」と思ったものだ。

今回やっと本にでき、編集の藤田正さんのご尽力に心からお礼したい。

写真、原稿をいただいた方々にも、大変に恐縮しております。

写真の菅原光博、菊地昇、石田昌隆のみなさんは、「ウォーマッド横浜」と関連深い月刊誌『ミュージック・マガジン』はもちろん、写真家として長く活躍されている高名な方々です。

第2章に寄稿していただいたお一人、松村洋さんは、世界の音楽文化を中心として、朝日新聞など数多くのメディアに寄稿するベテランの評論家です。

大谷英之さんは、音楽雑誌『クロスビート』の元編集長。現在もシンコーミュージック社に在籍し書籍などの編集に責任者として関わっておられます。

佐原一哉さんは、現在は沖縄民謡歌手の最高峰のお一人、古謝美佐子さんのプロデューサー、キーボード奏者として世界で活躍する方。

関谷元子さんは、音楽雑誌『ポップ・アジア』の元編集長。中村とうよう氏の秘書も務めた方で、中華系のトップ・アーティストを日本へ紹介する第一人者。

ピーター・バラカンさんは、NHK FMほか御自身のラジオ番組を持ち、同じく自己の名を冠した音楽フェスティバルや音楽映画祭の企画でも幅広く活躍されています。

そしてもちろん、第3章の鼎談での橋本正俊氏と布袋康博氏にもお礼を申し上げたい。

うれしかったことは、みなさんそれぞれで「ウォーマッド横浜」の感想、思いが異なっていることでした。それは、まさに「ウォーマッド横浜」が持っていた「多様性」の現れだと改めて思え、やって本当に良かったなと思っています。というのも「ウォーマッド横浜」をやったことで、当時から私は横浜市役所でも多くの批判と批難を浴びてきたからです。好きでやったことだから当然だと思っては来ましたが、本書でやっと報われた思いです。

なお会場があった地区「横浜みなとみらい21」については公式サイトをご覧ください。

本当に皆さん、ありがとうございました。

WOMAD《ウォーマッド》横浜

歴史から消えた日本のビッグ・フェスティバル

2023年1月21日　初版印刷
2023年1月23日　初版発行

著者　指田文夫
編集　藤田正、森聖加

デザイン　戸塚泰雄（nu）
制作　井上厚（Pヴァイン）

発行者　水谷聡男
発行所　株式会社Pヴァイン
〒150-0031　東京都渋谷区桜丘町21-2 池田ビル2F
編集部：TEL 03-5784-1256
営業部（レコード店）：TEL 03-5784-1250　FAX 03-5784-1251
http://p-vine.jp

発売元　日販アイ・ピー・エス株式会社
〒113-0034　東京都文京区湯島1-3-4
TEL 03-5802-1859　FAX 03-5802-1891

印刷・製本シナノ印刷株式会社

ISBN978-4-910511-36-8